한국 고대사 2

사회 운영과 국가 지배

한국역사연구회시대사총서02

한국고대사 ❷

사회 운영과 국가 지배

김재홍 · 박찬흥 · 전덕재 · 조경철

푸른역사

절망과 희망이 교차하던 격동의 1980년대, 그 끝자락인 1988년 가을 300여 명의 소장 학자들이 '과학적·실천적 역사학'의 수립을 통해 한국 사회의 민주화와 자주화에 기여하기 위해 창립한 한국역사연구회는 이제 700여 명의 학자들이 참여하는, 명실상부하게 한국 역사학계를 대표하는 학회로 성장했다.

그동안 연구회는 공동연구라는 새로운 연구 방식을 통해 130여 회가 넘는 연구 발표회를 가졌으며 50여 권의 학술서와 대중 역사서를 간행했다. 《한국역사》, 《한국사강의》 등의 통사를 발간해 한국사를 체계화하고 《한국역사입문》 등의 연구입문서를 출간해 해방 이후 학계의 연구 성과들을 정리했으며, 《1894년 농민전쟁연구》, 《한국현대사》, 《역주 여말선초 금석문》 등 전문 연구서와 자료집을 발간해 한국사 연구에 기여했다.

또한 《조선시대 사람들은 어떻게 살았을까》를 시작으로 전 시대에 걸쳐 '어떻게 살았을까' 시리즈를 발간함으로써 생활사 연구와 역사 대중화에 기여했으며, 회지 《역사와 현실》은 다양한 기획과 편집으로 인문학 분야 학술지의 새로운 전형을 만들어 냈다.

이제 연구회가 창립된 지도 한 세대가 지났다. 그동안 세계뿐만 아니라 한국 사회도 크게 변화했으며 학계에도 적지 않은 변화가 있었다. 연구 경향도 이전의 운동사·사회경제사 중심에서 문화사·생활사·미시사로, 그리고 최근에는 생태환경사·개념사·관계사에 이르기까지 사고와 연구의 폭을 넓혀 나가고 있다. 아울러 연구 대상 시기와 학문 간의 벽을 허무는 학제 간 연구도 활발하게 이루어지고 있다.

역사는 '현재와 과거의 대화'라고 했다. 현재의 입장에서 과거를 고찰하고 그를 바탕으로 미래를 전망하는 것이다. 역사가는 이를 이루기 위해 역사를 부단히 새로 써야 한다. 이러한 취지에서 한국역사연구회는 새로운 시각에서 한국 역사를 고대부터 현대까지 시대별로 조망해 보는 '시대사'를 발간하고자 한다.

시대사를 편찬하자는 이야기는 통사인 《한국역사》를 간행하고 나서부터 줄곧 나왔으나 구체적인 편찬 작업에 들어간 것은 2002년부터였다. 이후 '시대사 편찬위원회'를 구성하여 집필 원칙과 편찬 일정을 정하고 고대·고려·조선·근대·현대 등 각 시대별로 팀을 만들어 기획안을 마련하고 그에 맞는 필자를 선정하여 집필에 들어갔다. 또한 들어온 원고들은 팀별로 수차례의 검토와 수정 과정을 거쳤으며 그 과정에서 열띤 토론이 벌어지기도 했다.

60명에 가까운 필자들이 참가하여 공동 작업으로 열 권의 책을 만들어 내는 일은 지난한 과정이었다. 다양한 필자의 의견을 조율하고 모으는 작업부터 집필된 원고를 꼼꼼하게 검토하고 수정하는 작업과, 완성된 원고가 출판사에 넘어가 출판하는 작업에 이르기까지, 우여곡

절이 없지 않았다.

　연구회 창립 이듬해인 1989년 '베를린 장벽의 붕괴'가 상징하듯이 세계는 동구 사회주의 국가들의 개혁과 개방으로 냉전이 종식되면서 체제와 이념의 대립보다는 화해와 교류의 방향으로 나아가며 21세기를 맞이했다. 한반도도 1998년 '현대 정주영회장의 소떼 방북'과 2000년 남북정상회담을 계기로 남과 북이 화해와 교류·협력의 방향으로 나아갔다.

　그러나 21세기도 15년이 지난 지금, 세계는 다시 대립으로 치닫고 있다. 이스라엘과 팔레스타인의 분쟁, 미국과 알카에다 등 이슬람 진영과의 대립, 시리아 내전과 이슬람국가(IS)의 등장 등 중동 내부의 갈등과 분쟁, 러시아와 우크라이나의 분쟁 등이 계속되고 있고, 동북아시아에서도 역사 갈등과 영토 분쟁이 치열하게 전개되고 있다. 이전과 차이가 있다면 이념 대립보다는 종교·문명 대립의 성격이 크다는 것이다.

　그렇다면 한국 사회는 어떠한가. 안타깝게도 한국 사회는 시대착오적인 이념과 지역 갈등이 여전한 가운데 신자유주의로 인한 경제적·사회적 양극화가 빠르게 진행되며 세대와 계층 갈등까지 심화되고 있다. 그리고 천박한 자본주의의 이윤 논리와 정치와 사회 간에 부정부패의 사슬에 의해 일상생활의 안전까지도 위협받고 있다.

　인간에 대한 예의와 배려가 사라진 사회, 국가가 책임져야 할 안전과 복지도 국민 스스로 해결해야만 하는 사회, 정의는 실종되고 신뢰와 희망 대신 불신과 체념만이 가득 찬 사회에서 과연 역사학은 어떠한 역할을 할 수 있을 것인가? 책을 낸다는 기쁨보다는 역사학자로서의 책임감이 더 무겁게 다가온다. 이 '시대사' 시리즈가 한국 역사의 체계화에 기여하고 독자들에게는 험난한 세상을 헤쳐 나가는 데 조그마한 도움이 되었으면 하는 바람이 간절하다.

그동안 시대사를 기획하고 집필과 교열에 참여해 준 연구회원 여러분에게 진심으로 감사드린다. 아울러 책이 나오기까지 지원을 아끼지 않고 인내를 가지고 기다려 주신 푸른역사의 박혜숙 사장님, 규모와 격조 있는 책으로 만들어 주신 편집부 여러분에게 진심어린 감사의 말씀을 드린다.

2015년 5월
한국역사연구회

'모든 역사는 현대사' 라는 말이 있다. 그 뜻을 굳이 설명할 필요는 없겠지만 현대로부터 가장 먼 시대, 즉 '고대사도 현대사' 라는 말로 한정한다면 다소 의아하게 생각할지도 모르겠다. 고대사는 사료의 한계로 인해 우리가 알 수 있는 역사적 사실도 매우 제한적이며, 개중에는 사실 여부를 둘러싼 논란도 없지 않다. 더구나 오늘날과의 시간적 격차도 크기 때문에 역사적 맥락에서 현대사와 간접적으로 연결시킬 수는 있을지 몰라도, '고대사도 현대사' 라는 명제적 선언은 지나치다고 생각할 수 있다.

　그러나 오늘날 우리 자신이 고대사를 어떻게 받아들이고 있는지, 또 고대사에 어떤 의미를 부여하고 있는지 몇몇 사례를 생각해 보면 위의 말이 충분히 이해되리라 생각한다. 근래에 한국, 중국, 일본 등 동아시아 3국 사이에 역사 분쟁이 적지 않은데, 그 분쟁 대상에서 고대사가 결코 빠지지 않는다. 오히려 다른 시대보다 더 큰 비중으로 분쟁의 중심이 되기도 한다. 물론 한일 관계에서는 단연 식민지 지배와 전쟁을 둘러싼 내용이 주를 이루지만, 임나일본부설 논쟁과 같은 고대사 관련 문제는 요즘도 종종 갈등으로 불거지기도 한다. 한중 관계에서는 특히 2003년 이래 중국의 '동북공정'으로 대표되는 고구려사, 발해사 역사 귀속 문제가 지금도 예민하게 남아 있다.

국가 간 문제만 있는 게 아니다. 우리 고대사는 일제 강점기에 식민사학의 피해를 많이 받은 영역이다. 그러기에 해방 이후 가장 엄격하게 식민사학을 비판해 왔으며, 그것은 한국 고대사 연구의 진전을 통해 이루어졌다. 그런데 최근까지도 고조선이나 한군현 문제를 놓고 아직도 비역사적이고 비학술적인 주장들이 횡행하는 이른바 '상고사 파동'이 거듭되기도 하는데, 이는 정치적인 입장이 학술을 통제하려는 그릇된 시도들의 영향이다.

이런 현실을 통해 우리는 고대사가 단지 먼 과거의 일이 아니라, 오늘날 역사 인식의 현장이라는 점을 알 수 있다. 이는 근대 역사학에서 고대사가 근대 국민 국가들이 지향하는 민족과 국가의 '기원'을 다루는 영역이 되었기 때문이다. 고대사는 때로는 과학적 인식보다는 근대 민족의 역사적 연원이라는 정치적 입장이 침투되는 대상이 되기도 한다. 그렇기 때문에 고대사는 더욱 엄격한 과학적 방법과 인식으로 접근해야 한다. 이는 이 책에서도 결코 놓지 않는 학술적 태도다.

이 책에서는 선사시대는 다루지 않는다. 선사시대가 중요하지 않아서가 아니라, 고대사 영역만을 정리하겠다는 것이 기획 의도다. 시간상으로는 선사시대에서 고대사로 이어지지만, 이 두 시대는 사회 구성부터가 전혀 다르기 때문이다. 고대사는 이른바 역사시대의 시작이며, 그것은 국가의 형성으로 나타났다. 그래서 '국가 형성론'은 고대사 연구의 주요 주제가 될 수밖에 없다. 1980년대 이후 고대 국가 형성에 대한 연구와 논의가 활발하게 전개되어 고조선을 비롯해 그 이후 등장하는 부여에서 삼국에 이르기까지 다양한 형태의 고대 국가에 대한 이해 폭이 확대되었으며, 특히 정치 체제로서 '부部'와 집권 체제에 대한 다채로운 연구가 이어져 왔다. 이런 성과들을 이 책에 집약해 담았다.

동시에 민족 형성에 대한 논의도 함께 이루어졌다. 민족의 개념, 한민족을 구성하는 여러 종족에 대한 문헌적·고고학적 접근, 에스닉 그룹Ethnic Groups으로서의 민족 형성 문제 등이 탐구되었다. 통일신라시대론과 남북국시대론을 둘러싼 논의도 그런 범주에 해당한다. 그 결과 고대사의 주요 영역인 국가와 민족에 대한 과학적 인식을 마련하게 되었으며, 그러한 연구 성과들이 이 책에서 관련된 논지를 구성하는 토대가 되었다.

국가 형성론에서 시작한 연구들이 다양한 방면에서 성과를 거두어가면서 고대사 연구는 폭과 깊이가 더욱 확장되고 심화되어 갔다. 여기에 국내 고고학의 다양한 조사 자료와 연구 성과가 축적되면서 삼한사를 비롯한 백제사와 신라사, 가야사 연구를 뒷받침했고, 북한과 중국 동북 지역의 고고 자료는 직접적으로 고조선, 고구려, 발해사 연구를 활성화했다. 비록 문헌 자료가 소략하지만 그런 만큼 자료에 대해 보다 철저한 비판적 검토가 진전되었고, 때때로 대중의 관심을 모으는 중요한 금석문도 발견되어 고대사의 연구 자료를 더욱 풍성하게 했다.

그리고 한국 고대사를 구성하는 여러 국가뿐만 아니라 고대 동아시아의 국제 질서에 참여하는 모든 국가와 종족을 포함하는 동아시아 세계 속에서 한국 고대 국가들의 역동적인 움직임을 파악하는 연구들에 힘입어 고대사의 인식 범위가 확장되었다. 사실 정치와 외교 관계, 주민 이주, 문화 교류 등 고대 사회가 구축한 네트워크는 현대 세계 못지않게 광범위하며 연동성도 높았다. 이는 고대사와 현대사를 유기적으로 비교해서 살펴볼 수 있는 새로운 시각을 제시하며 최근 주목받는 글로벌 히스토리의 주요 연구 대상이 되기도 한다. 이 책에서도 이런 방면의 연구 성과와 시야를 잘 반영할 수 있도록 유의했다.

그동안 한국 고대사학계가 거두어 온 연구 성과들이 결코 적지 않으며, 연구자들은 이러한 새로운 성과와 인식들을 시민들과 함께 나누기 위한 노력도 나름대로 계속해 왔다. 한국역사연구회 고대사분과에서는 그동안 《문답으로 엮은 한국고대사 산책》, 《삼국시대 사람들은 어떻게 살았을까》, 《고대로부터의 통신》 등으로 한국 고대사 연구 성과들을 정리해 왔다. 다만 쟁점이나 특정 주제별로 접근하다 보니 한국 고대사 전반에 걸쳐 보다 체계적으로 접근하는 책이 필요하다는 주변의 요구가 적지 않았다. 고대사분과에서도 그런 아쉬움을 갖고 있었기에 선뜻 이 책을 기획했다.

이 책은 한국 고대사의 개설서로 활용할 수 있도록 의도하면서, 두 권으로 나누어 구성했다. 먼저 1권은 고대사의 시기별 전개 과정을 다루었는데, 종래 개설서들이 각국의 정치 발전 단계를 기준으로 서로 다른 시기의 역사적 상황을 마치 같은 시기에 일어난 것처럼 기술한 모순점을 해결하려 했다. 이에 고대사의 전개 과정을 삼국의 정립을 기준으로 크게 '고대 사회의 형성'과 '고대 사회의 발전과 재편' 등으로 구분한 다음, 시간순에 따라 고조선의 성립과 초기 국가의 전개, 삼국의 정립과 부여·가야의 소멸, 삼국 간의 갈등과 재편, 그 결과로서 통일신라와 발해사의 전개 등을 다루었다. 2권은 일종의 주제별 접근으로서 생산력과 공동체, 고대 정치 체제와 신분제, 국가 재정과 수취 제도, 정신세계와 지배 이데올로기라는 네 개 분야의 거시적 주제를 잡아 고대 사회의 주요 분야를 다루었다. 이 주요 주제들은 그동안 한국 고대사학계가 성취해 온 주요 연구 영역이라는 점에서 독자들께서도 충분히 주목할 만하다고 생각한다.

역사가 남긴 작은 조각들과 기억의 파편들을 모아 날줄과 씨줄로 엮어 하나의 역사상을 만드는 작업을 통해 우리는 과거로부터 교훈을 얻고 오늘을 살아갈 지혜를 배운다. 그러기에 지금으로부터 천 년 이전의 먼 과거이지만, 고대인들이 우리에게 전해 주는 메시지를 생생하게 복원하는 것이 우리에게 주어진 중요한 몫이라는 생각으로 이 책을 만들었다. 이 책이 독자들에게 우리 고대사를 살펴볼 수 있는 작은 길잡이가 될 수 있기를 기대한다.

2016년 10월

저자 일동

차례

청동기시대에 농경이 본격적으로 시작되면서 벼농사가 보급되고 밭농사가 발전했다. 벼농사가 발달하면서 경지와 물을 둘러싼 집단 간의 충돌이 일어났다. 그 과정에서 도랑과 나무 울타리로 둘러싸인 방어 시설이 발전했고 집단 간의 통합이 진행되었다. 읍락이 합쳐져 소국으로 발전했고 읍락에는 수장인 거수와 일반 민인 하호로 계층이 나뉘었다. 이러한 사회를 읍락 사회라고 한다.

4~6세기에는 철제 농기구와 우경이 보급되고 저수지가 국가 단위로 축조되면서 거수층뿐만 아니라 새로이 성장하는 호민층도 농기구를 이용했고 새로운 토지가 개발되었다. 이 과정에서 읍락 사회는 해체되고 촌으로 편제되었다. 신라 중고기에 촌의 운영은 중앙에서 파견된 도사와 지역민인 촌주의 협의에 의해서 이루어졌다. 국가는 촌민 중에서 성장하는 호민층도 파악해 그들에게 외위를 지급해 국가 질서 내로 흡수했다.

신라 통일기에는 볏 달린 쟁기와 저수지의 보급으로 저지대의 개발이 본격화되고 새로운 촌락이 형성되었다. 당시의 개발은 국가가 주도했으며, 국가는 현 단위까지 지방관을 파견해 지배했다. 또한 자연 취락을 촌으로 편제해 작은 마을 단위까지 파악했고, 소경 등 지방의 도시 주변에는 국가가 계획적으로 조정한 촌락이 성립했다. 이것은 자연촌의 성장으로 국가의 지배력이 확대된 결과였다.

농업 생산력과
촌락 사회

농경 촌락 사회의 자율과 국가 지배

읍락 사회의 성립과 발전

농경 사회의 성립

기원전 1000년대 전반에 청동기가 출현하면서 원시 공동체 사회에 변화가 나타나기 시작했다. 청동 공구의 발달로 다양한 목제 농기구가 제작되어 돌로 만든 농기구와 함께 농업 생산력을 향상시키면서 본격적인 농경이 시작되었다. 이전 시기부터 행해진 밭농사는 청동기시대에 더욱 발전했는데, 〈농경문청동기農耕文靑銅器〉에도 밭농사를 짓는 과정이 묘사되어 있다. 〈농경문청동기〉에 따비로 밭을 갈고 괭이로 땅을 고르는 과정이 잘 묘사된 것으로 보아 이미 밭에 이랑을 만들어 씨앗을 뿌리는 이랑 재배가 이루어졌음을 알 수 있다. 밭농사에 대한 구체적인 자료는 현재 발굴된 청동기시대의 다양한 밭을 통해 확인할 수 있다. 밭에는 대규모의 밭과 채소 등을 기르는 텃밭 등 다양한 종류가 있었다. 대규모의 밭은 마을과 조금 떨어져 넓게 형성되었고, 텃밭은 마을 내 집 주위에 있는 밭으로 이루어졌다. 텃밭은 주로 채소 등을 길러 집집마다 자급자족하던 작은 규모의 밭이다.

진주 대평리에서 발굴된 대규모의 밭은 구릉의 경사면에 형성되어 있고 기다란 도랑[環濠]으로 둘러싸여 경계 지어져 있다. 밭고랑의 가장 긴 부분은 30미터이며 고랑의 폭은 35센티미터 내외, 깊이는 10센티미터 정도이고 두둑의 폭은 50센티미터 내외로 현재의 밭과 큰 차이가 없다. 밭고랑의 폭이나 굴곡은 자연스럽게 이어져 있고 밭의 군데군데에는 경작에 방해되는 돌이나 토기 등을 모아 두었으며, 작은 화덕을 마련해 즉석에서 음식을 조리할 수 있게 했다. 밭은 마을과 무덤의 반대편에 있으며 밭고랑에서는 사용하다가 파손된 석제 농기구가 출토되고, 떨어진 곡식 이삭이 그대로 남아 있다. 밭고랑 사이에서는 조로 판단되는 곡물이 불탄 채로 출토되었다. 한편 집 주위에는 채소 등을 재배하던 텃밭도 있어 자급자족하던 당시의 농촌 풍경을 엿볼 수 있다. 현재 확인되는 텃밭은 길이 10~12미터, 폭 5~6미터 정도의 크기로 고랑과 두둑은 일정한 간격으로 되풀이되는데 폭은 40센티미터 내외, 깊이 10센티미터 내외로 균일한 편이다.

청동기시대의 밭은 나무나 돌로 만든 괭이를 사용해 경작했는데, 실제로 진주 남강변의 대평 옥방 지구에서 나무 괭이로 밭을 간 흔적과 대구 매천동·서변동에서 나무 괭이가 확인되었다. 이와 함께 나무를 베는 벌채용 돌도끼가 증가하고, 홈자귀·돌끌·대패날 등 나무 농기구를 제작하는 공구가 보편적으로 사용되면서 농경이 주요한 생산 경제의 기반이 되었음을 알 수 있다.

밭농사보다 늦게 시작되었으나 중요한 생업인 벼농사는 청동기시대부터 행해졌다. 평양 남경, 여주 흔암리, 부여 송국리 유적에서는 불탄 볍씨가 출토되었고, 여기서 출토된 토기의 바닥이나 몸통에 볍씨자국이 찍혀 있기도 했다. 우리나라 벼의 기원지는 중국 양자강 유역으로 이곳에서 북상해 여러 경로를 거쳐 청동기시대에 유입된 것으로 추정된다.

벼농사의 직접적인 증거인 청동기시대의 논은 울산 무거동 옥현, 울산 야음동, 밀양 금천리, 논산 마전리, 부여 노화리 유적 등에서 확인되었다. 울산 무거동 옥현 유적에서는 청동기시대 대규모의 마을 유적과 함께 논이 발견되었다. 논은 낮은 구릉의 경사를 따라 어느 정도 단을 이루면서 형성되었는데, 모양은 네모꼴·긴네모꼴·불규칙꼴 등으로 다양하고 1~3평 내외의 작은 규모로 길게 계단을 이룬 논과는 구별된다. 논바닥에서는 발바닥, 농기구의 경작흔, 벼 그루의 흔적, 수구水口, 수로水路 등이 확인되었다. 논산 마전리의 논은 자연적 지형을 그대로 이용해 3미터 내외의 네모꼴이나 긴네모꼴로 작은 구획을 하고, 인공으로 수로를 파서 논에 물을 대는 관개 시설을 갖추고 있었다. 울산 야음동 유적에서는 길게 계단을 이룬 논이 발견되었는데, 소구획 논에 비해 둑이 명확하지 않다. 청동기시대에는 길게 계단을 이룬 논보다는 작은 구획으로 나뉜 논이 발달했으며 일반적으로 작은 구획의 논에서 계단식 논으로 발전했다.

이 시기에는 간단한 형태이지만 논에 물을 대는 수로, 물을 가두고 대는 보洑, 저수지 등이 있었다. 밀양 금천리 유적에서는 보, 울산 옥현 유적에서는 수로, 마전리 유적에서는 수로와 우물 보[井洑], 안동 저전리에서는 저수지와 수로가 확인되어 청동기시대부터 논에 물을 끌어들이고 저수하는 시설이 있었음을 알 수 있다.

논에 벼를 재배하는 방법에는 물을 채운 논에 미리 발아시킨 볍씨를 파종하는 직파법과 못자리에서 모를 일정 정도 키운 다음 전체 논

진주 대평리 밭과 괭이 흔적

진주 대평리 유적은 청동기시대에 조성된 대단위 마을 유적이며, 여기에서 집자리와 이를 둘러싼 환호, 돌널무덤·고인돌·독널무덤 등의 무덤, 밭과 논의 경작지, 석기 제작소 등 다양한 형태의 유구가 확인되었다. 이 중에서 밭은 가장 오래된 경작지의 하나로 주목된다. 여기에서 발견된 밭은 남강 주변의 구릉지에 형성된 농경지로서 고랑과 두둑으로 이루어져 이랑 지배가 이른 시기부터 행해졌음을 잘 보여 주고 있다. 하천변의 사질토를 경작했으므로 나무 괭이를 사용해 이랑을 간 흔적이 잘 남아 있다. 〈농경문 청동기〉에 보이는 따비와 괭이를 이용한 농작업을 잘 보여 주는 밭 유적으로 주목된다.

울산 무거동 옥현 유적의 논
청동기시대 소구획 논(위)과 삼
국시대 계단식 논(아래)이다. 무
거동 옥현 유적에서는 대규모 마
을의 한편에 청동기시대부터 조
선시대에 이르는 논이 발견되었
다. 청동기시대의 논은 불규칙하
고 작은 소구획의 형태로 나무
따비나 괭이로 갈이 작업을 수행
했으며, 삼국시대의 논은 길게
계단을 이루는 형태로 쟁기를 이
용해 경작했음을 알 수 있다. 조
선시대의 논은 삼국시대의 것에
비해 너비가 넓어진 것으로 볏
쟁기로 수행한 갈이 작업의 흔적
을 보여 주고 있다.

으로 옮겨 심는 원시적 이앙법이 있다. 일반적으로 이앙법은 조선 후기에 보편화된 것으로 알려졌으나 이미 고대 사회에도 원시적인 형태가 있었다. 우리나라에서는 아직 확인되지 않았으나 이웃 일본에서는 미리 모를 키우던 고대의 못자리가 발견되어 원시적인 이앙법이 일찍부터 생겼음을 알려 준다. 이앙법은 직파법보다 김매는 수고를 덜어 주지만 물의 확보가 쉽지 않으면 농사를 그르칠 염려가 높다. 이런 까닭에 당시에는 직파법에 의한 농사가 중심이 되었다.

환호에서 토성으로

벼농사가 발달함에 따라 정착 생활이 이루어지고 인구가 증가하면서 경지와 물을 둘러싼 이해의 충돌, 생산 용구 제작을 위한 석기와 청동기 원료를 확보하기 위한 다툼 등이 발생했다. 이와 더불어 청동기 원료와 그 사용을 독점하는 큰 규모의 지역 집단이 등장하면서 한 지역을 뛰어넘는 정치 세력이 등장했다. 청동기의 제작 과정에서 분업이 진전되었으며, 청동 원료를 얻기 위해 교역이 필요하게 되었다. 농사가 가능한 경지의 확보, 노동력과 잉여 생산물을 둘러싼 각 지역 집단 간의 대립은 청동기의 발달과 함께 전쟁으로 비화되어 집단 간의 통합이 촉진되었다. 이를 나타내는 표지가 도랑, 흙 울타리[土壘], 나무 울타리[木柵] 등의 고고학 자료다. 깊은 구덩이를 파서 마을을 둘러싸는 규모로 환호를 만들고 파낸 흙으로 토루를 만들어 그 위에 목책을 세워 방어 시설을 구축했다. 전 세계적으로도 농경이 시작되면서 집단 간의 투쟁이 격화되고 이에 수반해 주거 영역을 방어 시설로 감싸는 현상이 나타난다. 환호로 둘러싸인 마을 유적은 부여 송국리,

울산 검단리, 창원 남산, 진주 대평 일대, 산청 사월리, 경산 임당동, 대구 칠곡 지구 등 남부 지역의 여러 곳에서 발견되고 있다.

부여 송국리 유적은 해발 30미터 정도의 낮은 구릉 지대로 주위에는 넓은 평야가 펼쳐져 있다. 송국리 일대는 동·서·남 3면이 연화천, 마름내천, 석성천으로 둘러싸여 물을 구하기에 매우 유리한 지형적 조건을 갖춘 곳이다. 연화천과 마름내천의 제방 배후에는 배후 습지가 있고, 그 뒤의 구릉에 송국리 유적이 입지해 있다. 이러한 지형적 조건은 물의 확보가 쉽고, 적은 노력으로 생산 활동을 효율적으로 할 수 있는 농경지의 확보가 쉬울 뿐만 아니라 주변을 한눈에 조망할 수 있고, 집단 간의 전투나 외적으로부터 스스로 방어하기에도 유리했다.

이 유적은 환호와 목책으로 둘러싸여 있다. 목책 시설은 커다란 골짜기를 포함해 총길이 2.5킬로미터 정도로 추정되고 목책으로 둘러싸인 마을의 추정 면적은 61헥타르(약 61만 제곱미터)에 이른다. 게다가 취락 방어를 위해 마을 입구에 가시나 작은 나무 기둥을 세운 녹채鹿砦, 망루의 기둥으로 보이는 조그마한 구멍, 배수로, 출입구가 확인되었다. 이러한 방어 시설의 구비 조건을 갖추고 벼농사의 실질적 증거인 불에 탄 볍씨가 출토되었으므로 이 유적은 농경을 기반으로 한 대단위 방어 취락이라 할 수 있다. 이러한 대규모 마을을 조성하기 위해서는 대지 조성, 수리 시설의 확보 등과 같은 대규모 토목 공사가 병행되었을 것이다. 뿐만 아니라 대규모 토목 공사를 할 수 있는 사회 조직과 지배력을 갖추어야 가능했다.

따라서 송국리 지역 집단 내에서는 대규모 토목 공사를 지휘할 만한 수장이 등장했다. 일반 공동체원의 무덤인 고인돌이나 독무덤에서

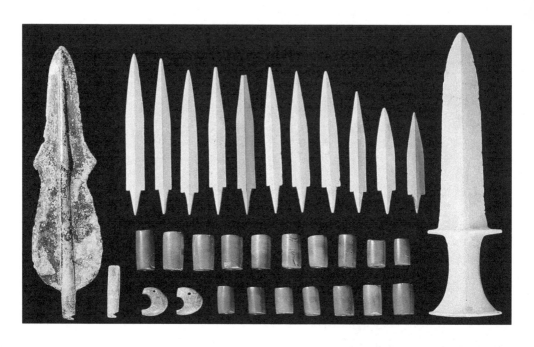

부여 송국리 돌널무덤과 껴묻거리   풍화된 암반을 깊게 파낸 구덩이 안에 납작돌
을 조립해 만든 돌널무덤으로 청동기시대의 대표적인 무덤이다. 돌널은 길이 205센
티미터, 최대 너비 100센티미터, 높이 80~90센티미터 크기의 넓은 납작돌을 깔고 사
이사이에 돌을 채워 넣었다. 껴묻거리는 모두 바닥에서 출토되었는데, 전형적인 비
파형 동검을 비롯하여 간돌검, 돌화살촉, 곱은옥, 대롱옥 등이 발견되었다. 이 무덤과
껴묻거리로 보아 이 지역 유력자의 것으로 보이며, 청동기시대 수장(首長)의 모습을 추
출할 수 있다. 이 무덤에서 나온 동검과 옥에다가 거울이 추가되어 수장을 상징하는
기물이 되었다.

월성과 월지 현재 경주 시내 중심부에는 신라시대 왕궁인 월성과 월지가 있다. 월성은 자연구릉을 이용하여 초승달 모양으로 성벽을 쌓은 토성이고, 월지는 통일기 이후 도시 계획에 의해 조성된 새로운 형태의 궁궐이었다. 월성은 101년(파사이사금 22)에 성을 쌓고 월성이라고 불렀다고 했으나 현재와 같은 토성의 형태는 4세기 이후였을 것으로 추정된다. 월성의 성벽과 해자의 아랫부분에서 발견된 수혈유구로 보아 도랑으로 둘러싼 환호가 먼저 만들어졌음을 알 수 있다. 월성이 왕이 거주하는 왕궁으로 기능한 것은 5세기 후반 월성을 새로이 수리한 이후였을 것으로 추정된다.

분화된 형식으로 수장의 무덤에 해당하는 돌널무덤에는 비파형 동검을 부장해 집단 성원의 무덤과 구별했다. 비파형 동검을 가진 수장은 살아서는 환호취락 내에 거주하면서 취락민의 농사일이나 전쟁을 지휘했고, 죽은 후에는 자신의 마을이 내려다보이는 구릉에 묻혀 취락과 거기에 거주하는 취락민을 수호했을 것이다.

송국리와 같이 낮은 구릉 위에 대규모의 마을이 형성되었다는 사실은 벼농사에 필요한 농경지를 획득하고 수리 시설의 확보를 둘러싼 집단 간의 긴장이 고조되던 시기의 사회 상황을 반영하고 있다. 이는 송국리에서 나온 비파형 동검과 검단리의 고인돌에서 출토된 석검을 통해서도 이해가 가능하다. 또한 대규모 토목 공사를 할 수 있고 전쟁을 계속한다는 사실은 큰 정치 세력의 등장을 반영하는 것이다. 이와 같이 송국리에서 환호를 조성한 집단은 기본적으로 농경 문화를 영위했지만 한편으로는 집단 간 분쟁으로 인해 환호나 목책을 설치하고 이동하기 편한 집을 만들었다. 또한 집단끼리의 결속을 강화해 환호나 목책으로 둘러싸인 더 큰 집단을 이루게 되었다.

청동기시대 후반에는 해발 100미터가 넘는 산꼭대기에 마을을 조성하기 시작했다. 이러한 마을 유적은 보령 교성리, 안성 반제리, 화성 동학산, 울산 연암동 등지에 있다. 이러한 여러 곳에서 환호나 목책과 같은 방어 시설이 발견되기도 하는데, 입지만으로도 방어를 고려했음을 알 수 있다. 이어 삼국시대 초기에도 방어 취락은 계속해서 조성되었다. 양산 다방리 유적은 서쪽으로 양산천을 조감할 수 있는 해발 120미터 고지에 위치한 취락으로 폭 2.8~3.5미터, 깊이 1.3미터 정도의 환호로 추정되는 도랑이 확인된다. 양산 평지리 유적은 낮은 구릉 위에 위치한 취락으로 등고선을 따라 환호와 목책이 확인되었으며, 입구부에는 망루로 추정되는 기둥구멍[木柱列]이 나타났다. 김해 봉황대와 대성동에서도 폭 3미터, 깊이 1.5미터 가량의 환호가 확인되었다.

이어 3세기 후반에는 나지막한 구릉에 토성으로 둘러싸인 취락이 형성되기 시작해 도읍(국읍)으로 발전했다. 이러한 형태의 취락은 환호취락과 달리 강변에 있는 해발 100미터 미만 정도의 낮은 구릉 위에 위치한다. 대표적인 유적으로는 서울 풍납토성, 경주 월성, 대구 달성, 경산 임당토성 등이 있다. 환호와 목책이 단기간의 방어 시설이라면 토성은 좀 더 영구적인 방어 시설이었다. 이러한 토성들은 이전 시기의 방어 시설인 환호와 목책에 비해 높은 수준의 토목 기술이 필요했다. 토성은 축조를 위해서 많은 노동력이 요구되었으므로 이를 동원할 수 있는 정치권력의 성장이 뒷받침되어야 했다.

읍락 사회의 형성과 발전

삼국시대 초기 촌락의 성격을 파악하기 위해서는 《삼국지》〈동이전〉에 보이는 읍락에 대한 이해가 필수적이다. 남부 지역인 삼한에서는 소국 내에 주수主帥가 통솔하는 국읍이라는 중심 마을, 거수渠帥가 거느리는 읍락, 제사장인 천군天君이 주재하는 별읍別邑이 있고 소국을 구성하지 못한 읍락이 소별읍小別邑을 이루었다. 국읍과 읍락은 인구와 정치·경제적인 면에서 우열의 차이가 존재하지만 처음부터 확고한 지배·종속 관계는 아니었으며, 소국의 수장도 마을의 크기에 따라 주수와 거수로 나뉘었다. 이 당시 상황은 《삼국지》〈동이전〉에 "국읍에는 비록 주수가 있으나 읍락이 함께 있어 서로 잘 제어할 수 없었다"로 표현되어 있다. 초기의 이러한 관계는 소국 내에서 국읍 주수의 영향력이 강화되면서 점차 없어졌다.

당시 삼한은 읍락 간의 통합을 통해 국읍을 중심으로 소국이 성장했지만, 개별 읍락의 자치는 인정되었고 읍락의 결속력은 어느 정도 존재했다. 따라서 이 단계에서는 흉년이 들어 읍락민이 굶주리는 현상이 일어나더라도 읍락 단위별, 더 나아가 소국 단위로 문제를 해결하거나 자체 내의 해결이 불가능하면 다른 읍락을 약탈하는 방법밖에 없었다.

이러한 읍락 사회는 지역이나 시기에 따라 다양한 편차를 보인다. 부여의 읍락에는 지배층인 호민豪民과 일반 민民인 하호下戶가 있었으며, 제가諸加는 이들을 가家 단위로 지배했다. 읍락의 수장은 중앙 관위를 통해 국왕의 관료인 제가로 진출해 새로이 지배 신분으로 정착하거나 일부는 읍락에 남아 호민층을 형성했다. 고구려에서 제가는 거느리는 집단 규모에 따라 대가大加와 소가小加로 나뉘어 신분적으로 뚜렷이 구분되었다. 한편 일반 읍락 구성원의 계층 분화도 진전되었다. 읍락민 중에서 제가와 관계를 맺으면서 전문 행정 요원(사자, 조의, 선인)이 되거나 군사 요원으로서 전사 집단이 되거나 자신의 농경지를 잘 경작하면서 부를 축적해 신분을 상승시킨 자들이 호민층을 형성했다. 따라서 호민 중에는 수장의 후손, 전문 행정 요원, 전사 집단, 철을 다루는 야장, 부농 등이 있었다. 그렇지 못한 일반 구성원들은 하호라고 불렸으며 자영 소농민, 용작 농민, 집단 예민의 상태로 존재했다. 또한 노비들도 상당수 존재했다. 제가들은 읍락 내의 호민을 통하거나 거느리고 있는 가신을 통해서 하호를 지배했는데 전쟁이 일어났을 때도 하호들에게 물자를 운반시킬 정도였다.

이처럼 부여, 고구려 사회의 읍락 구성원은 기본적으로 호민과 하호로 계층 분화가 진행되었지만 그 내부에는 좀 더 다양한 부류가 존재했다. 사회가 분업화되면서 전문 기능을 담당하는 부류가 형성된 결과였다. 호민은 정치·사회적으로 하호에 대해 읍락 내에서 지배층으로 존재했으며, 경제적으로 하호를 고용해 부를 집적하고 있었다.

삼한의 읍락은 기본적으로 거수와 일반 읍락민인 하호와 노비로 구성되었으나 아직 읍락민의 분화가 고구려와 부여 사회만큼 이루어지지는 않았다. 당시 삼한은 한군현과 교류하며 성장해 갔는데 한군현은 신분에 따라 거수에게는 도장[印綬]을 주고 하호에게는 의복[衣幘]을 주어 양자를 구분했다. 하호들은 읍락 거수나 한군현과의 정치적 관계를 매개로 한군현과의 무역을 통해 사회·경제적 지위를 향상하고 있었지만 일반 읍락민과 구분해 호칭될 정도는 아니었다. 이러한 하호들 중 일부는 정치·경제적 지위를 상승시켜 호민으로 성장하고 있었다.

하호의 성격에 대해서는 고전적인 노예, 집단 예민으로서의 총체적 노예 또는 농노 내지는 봉건적 예속 농민으로 파악하기도 하지만, 읍락 사회의 일반 구성원으로 보는 것이 일반적이다. 즉, 이 시기의 하호는 기본적으로는 읍락 사회의 공동체적 규범에 제약되며 경제적·신분적으로는 거수에게 예속된 존재였다. 다만 읍락 사회의 발전 정도에 따라 지역마다 그 존재 형태가 다양화되어, 부여와 고구려는 사회 분화에 따른 호민층의 형성 과정에서 장인 집단은 물론 일부 부민들도 포함되었을 것이고, 하호층도 자영 소농층, 용작농傭作農 등으로 분화되었다. 노비는 그 시원적 형태라 할 수 있는 포로 노비, 형벌 노비가 일반적인 형태였으며, 이들은 대개 읍락 사회 전체에 그 소유가 귀속되었다. 이와 같이 삼한의 읍락에는 거수, 하호, 노비가 있었고 주된 대립 관계는 거수와 하호의 관계였다.

삼국시대 촌락 사회의 형성

철제 농기구와 수리 시설

신석기시대나 청동기시대에 주로 쓰인 돌이나 나무로 만든 농기구는 쉽게 구할 수 있었던 반면 쉽게 마모되고 효율성이 떨어져 차츰 철기로 바뀌게 된다. 철기로 만든 농기구는 농업 생산력의 비약적인 발전을 가져왔다. 기원전 4~3세기경에 따비, 괭이, 낫 등의 철제 농기구가 등장했고 기원전 1세기부터는 두드려 만든 단조 철제 농기구가 제작되었다. 그러나 아직은 철제 농기구보다 돌이나 나무로 만든 농기구가 널리 사용되었다. 광주 신창동에서는 따비, 괭이, 쇠스랑 등의 목제 농기구가 출토되기도 했다. 이때에는 따비, 괭이의 갈이농사가 주류를 형성했고 갈이(따비, 괭이)에서 걷이(낫) 과정이 철제 농기구로 이루어졌다. 그러나 철제 농기구의 종류와 수량이 부족했으므로 당시 대부분의 읍락민은 목제 농기구에 의존했고 읍락의 거수층들이 철제 농기구를 소유했다.

4세기 이후부터 철제 농기구의 수와 종류가 급격하게 늘어났다. 삼국시대에는 보습, 따비, 괭이 등의 갈이 농구, 쇠스랑과 같은 삶는 농구, 살포와 같은 논에 물꼬를 트는 농구, 네모 모양 호미와 같은 김매는 농구, 낫과 같은 걷이 농구가 사용되어 갈이−삶기−김매기−걷이의 일관된 작업이 철제 농기구로 가능하게 되었다. 이 시기의 가장 두드러진 변화는 철제 농기구가 갈이 중심에서 벗어나 세밀한 농작업이 가능한 농기구가 나타난 것이었다. 논에 물꼬를 트는 농기구인 살포와 밭에 김을 매는 농기구인 네모난 호미가 등장했다. 새로운 농기구인 살포와 호미가 논과 밭에서 사용되면서 당시 농작업의 변화를 잘 반영하고 있다.

갈이 농기구인 따비는 쟁기가 본격적으로 사용되기 이전에 밭을 갈 때 사용하던 농구로 지금은 주로 섬에서 볼 수 있다. 처음에는 외날이나 코끼리 이빨 모양의 날을 달았으나 차츰 U자 모양으로 된 편자 모양의 날을 가진 형태로 발전했다. 철기가 도입된 초기에는 주로 따비와 괭이를 사용했으나 철제 쟁기가 사용되면서 소갈이[牛耕]로 전환하게 된다.

쟁기 농사는 소와 말을 이용해 노동력을 절감하고 깊이갈이를 할 수 있어 농업 생산력을 증대시켰다. 《삼국사기三國史記》에는 "502년(지증왕 3)에 처음으로 소갈이를 이용했다"라고 기록되어 있으나 당시 신라에서 우경이 시작되었다는 의미보다는 이전부터 이용되어 오던 우경을 국가적 차원에서 장려한 조치로 해석된다. 쟁기는 지형에 따라 형태가 조금씩 달랐는데 북쪽의 밭농사 지대인 고구려에서는 주로 V자형 쟁기가 사용되었고 논농사 지대인 남쪽의 백제, 신라, 가야에서는

● 철제 농기구의 변천

	갈이 농구	삶는 농구·논 농구	김매는 농구	걷이 농구
BC 2C				
BC 1C				
AD 3C				
AD 4C				
AD 6C				
AD 8C				

U자형의 쟁기가 사용되었다. 쟁기를 이용해 논을 갈면서 논의 형태가 계단식으로 길어졌는데 울산 무거리 옥현 유적에서는 청동기시대 작은 구획 논에서 삼국시대 계단식 논으로 바뀌는 과정을 잘 보여 준다.

초기의 벼농사는 물이 고여 있는 소택지나 저습지에서 이루어졌다. 그러다가 백제에서 4세기 초에 벽골지碧骨池를, 신라에서 5세기 전반에 시제矢堤를 축조한 데서 보듯이 수리 시설에 대한 국가의 관심이 높아져 갔다. 이후 백제와 신라에서는 각각 무령왕과 법흥왕이 510년과 531년에 전국의 제방堤防 수리를 명령할 정도로 국가 주도로 대규모 수리 시설을 만들었다. 당시의 수리 시설과 축조 기술에 관해서는 영천 〈청제비菁堤碑〉의 병진명丙辰銘(536)과 대구 〈무술오작비戊戌塢作碑〉(578)를 통해 알 수 있다. 최근 활발하게 이루어진 발굴 조사에서 두 가지 유형의 수리 시설이 확인되었다. 제형堤型 제방(청제비형 제방)은 영천 청제, 울산 약사리 제방, 상주 공검지, 제천 의림지 등이 있으며, 산곡을 흐르는 작은 하천을 막아 물을 가두는 저수지를 조성하고 있다. 언형堰型 제방(오작비형 제방)은 함안 가야리 제방, 밀양 수산제, 김해 봉황동 68호 제방 등이 있으며, 큰 하천의 범람을 막아 유량을 조절하고 농경지에 물을 대는 제방이다.

6세기 수리 시설의 축조와 수리는 국가 권력의 지방 지배와 밀접한 관련이 있었다. 즉, 당시 수리 시설은 촌에 파견된 지방관을 통하지 않고 중앙에서 직접 장악해 운영하고 있었다. 예를 들어 신라 법흥왕 대(514~540)에는 유사有司나 사인使人이, 진지왕대(576~579)에는 아척간阿尺干이라는 경위를 가진 도유나都唯那가 책임자로 파견되어 수리 시설을 수축했다.

울산 약사리 제방　삼국시대 제형 제방의 하나로 둑 전체가 발굴 조사되어 당시 신라의 제방 축조 기술을 파악할 수 있는 희귀한 예이다. 이것은 저구릉의 경사부를 흐르는 작은 하천이 형성한 작은 계곡을 막아 쌓은 제방이다. 남아 있는 제방의 단면을 완전히 절개하여 조사해 축조 공정을 확인했다는 점에서 의의가 있다. 저수지 제방의 축조 공정은 기반의 가공-지반 보강-기초부 조성-제체 조성-방수 시설 조성-피복 및 호안 등의 공정으로 구분된다. 현존하는 영천 청제의 형태와 유사하여 참고가 된다.

무술오작비　이 비는 현재 경북대박물관에서 보관하고 있으며, 보물 516호로 지정되어 있다. 1946년 대구시 대안동에서 발견되었으며, 높이는 103센티미터이며, 너비의 넓은 쪽이 약 65센티미터, 좁은 쪽은 53센티미터, 두께는 12센티미터이다. 첫머리에 보이는 무술년이라는 간지로 보아 578년(진지왕 3)에 세워졌음을 알 수 있다. 이 비는 영동리촌另冬里村에 위치한 저수지를 축조하고 세운 비이며, 여기에 보이는 '오塢'라는 용어로 보아 6세기 당시 신라에서는 저수지를 오라고 불렀음을 알 수 있다. 여기에는 저수지 축조에 참여한 책임자들의 인명과 그 규모, 동원된 인력, 작업 기간 등 저수지 축조와 관련된 전반적인 내용이 기록되어 있다.

이처럼 경주에서 파견된 왕경인王京人 기술자들이 수리 시설 축조 및 관리에 깊이 관여한 이유는 저수지를 만드는 축제築堤가 단순히 지방 사회만의 문제가 아니라 중앙 정부의 관리 아래에 속하는 일이고, 축성과 같이 복속 의례적인 사업이 아니라 당시로서는 고도의 기술과 많은 인력 동원이 요구되어 중앙 정부가 직접 개입해야 하는 사업이었기 때문이다. 또한 수리 시설의 축조와 관리는 지방 세력의 협조 없이는 곤란했는데, 촌주村主를 통해 촌민을 동원했을 뿐만 아니라 평상시에 촌주를 중심으로 하는 촌락의 유력자인 호민들이 제방 관리를 담당했을 것으로 보인다. 제방을 수축할 때는 수리 시설의 혜택을 입는 촌의 촌민뿐만 아니라 혜택과 관계없는 촌의 촌민들도 동원되었다.

이와 같이 6세기경에 신라는 수리 시설의 축조와 관리를 통해 하천이나 계곡의 유량을 조절할 수 있었고 새로운 토지를 개발할 가능성을 열어 가고 있었다. 이 당시 저습지와 같이 새로운 토지가 개발될 가능성이 있다면, 신라는 새로 조성된 토지에 전면 조정을 단행해야 했다. 이러한 당시의 상황을 알려 주는 것이 561년(진흥왕 22)에 건립된 〈창녕진흥왕척경비昌寧眞興王拓境碑〉에 보이는 기록이다.

창녕비에는 '해주백전답海州白田畓', • '산염하천山鹽河川' 등의 경제 관련 기록과 더불어 "토지가 협소했으나······ 수풀을 제거해······ 토지와 강역과 산림은······ 대등大等과 군주軍主·당주幢主, 도사道使와 외촌주外村主가 살핀다"는 구절이 나온다. 원래 신라는 땅이 협소해 농경지나 주거지로 활용할 토지가 부족했으나 '수풀을 제거해' 새로운 토지를 개발하면서 토지가 산림과 구분될 정도로 늘어났다. 또한 토지와 산림은 중앙관·군지휘관·지방관·지방 세력 등의 조사를 통해 국가에서 파악했다. 즉, 해당 구절은 기존의 황무지를 국가 권력이 앞장서서 토지와 임야로 새로이 개척하고 나서 토지나 임야의 지목을 파악한 상황을 말하는 것이다. 그리고 '산염하천'으로 보아 당시 신라는 산지, 소금밭, 하천으로의 구획이 이루어질 정도로 효율적으로 국토를 이용하고 있었다.

이와 같이 신라 국가는 6세기 이후 수리 시설의 수축을 통해 새로운 토지를 형성할 토대를 마련했고, 이를 기반으로 새로운 토지 및 영역에 대한 편제를 실시할 수 있었다.

읍락에서 촌으로

5세기 신라 지역에 있던 단위 집단은 소국의 해체 정도에 따라 다양한 형태로 존재했다. 국읍의 정치적 결합력이 강고한 소국은 읍락 집단을 통합해 자체 성장을 지속했다. 이 경우 신라의 지배 형태는 고구려, 백제에 대한 공동 방위 지휘 체계를 확보하거나 복속 의례적인 공납貢納을 수취하는 정도였다. 국읍 세력이 읍락 집단을 제대로 통제하지 못한 소국은 신라 국가에 의해 해체가 빨리 진행되어 읍락 집단들이 국읍 세력에 대해 상대적인 자율성을 지니게 되었다. 한편 소국을 형성하지 못한 읍락 집단들은 소국의 바깥에서 소별읍을 이루면서 독자성을 유지하고 있었다.

당시의 읍락은 문자 그대로 '읍邑'과 '락落'의 모임이었다. 읍은 중심 취락군으로 비교적 많은 인구와 집으로 구성되었고 락은 흩어진 자연 취락들로 되어 있었다. 취락은 구릉이나 계곡 사이의 좁은 평지에 주로 있었고 넓은 저습지와 산림 등의 황무지는 아직도 인간이 자유로

이 이용하기 곤란했다. 물론 읍락과 읍락의 사이에도 황무지가 존재했을 것이다. 이렇게 읍락이 고립적이고 분산적으로 존재한 까닭은 당시 농경지와 취락이 입지할 수 있는 환경이 한정적이었기 때문이다. 그러나 대략 6세기를 전후해 선상지를 포함한 저지대가 개발되면서 읍락에서 이용 가능한 토지가 늘어나고 읍락의 영역이 확대된다. 이전에도 읍락의 활동 범위는 있었고 서로 침범하지 않는 것이 요구되었지만 이때부터는 읍락 간의 간격이 좁아지고 중간의 공지가 점차 사라졌다. 이제 토지가 늘어나면서 이를 둘러싸고 읍락 내부에서는 새로운 계층이 성장하고 읍락 간에도 영역 다툼이 일어날 수 있었다. 이러한 갈등을 극복하기 위해 신라는 읍락을 새로이 편제해야 했다.

먼저 국읍 세력에 대해 자율성을 지닌 읍락 집단이나 소별읍의 경우에 신라는 읍락 집단을 하나의 단위로 파악해 촌村으로 편제했다. 국읍의 정치적 결속력이 강한 소국도 신라 중앙에 의해 해체 과정을 겪으면서 점차 읍락 단위로 파악되어 촌으로 편제되었다.

《삼국사기》,《삼국유사》, 금석문 자료에는 '촌'이라는 용어가 삼국 건국 초기부터 자주 등장한다. 그러나 '촌'이 중국에서 사용된 것은 육조시대부터이며, 사서에 쓰인 것은 3세기 말에 편찬된 《삼국지》부터다. 이때 촌의 발생은 북방 유목민의 침입에 대비한 자위적인 집단의 형성과 밀접한 관계가 있었다. 결국 3세기 이전의 기록에 나오는 '촌'은 후대에 일반적인 마을을 가리키는 '촌'을 소급한 것이다. 확인 가능한 기록 중에는 5세기 초 고구려의 자료인 〈광개토대왕릉비〉가 있다. 신라에서는 5세기 중반 눌지왕대(417~456)의 '촌'과 6세기 전반 지증왕대(500~514)의 금석문인 〈포항중성리신라비〉(501), 〈영일냉

포항중성리신라비 　이 비는 2009년 5월에 포항시 흥해읍 중성리에서 발견된 현존하는 신라에서 가장 오래된 비석으로, 신사년이라는 간지로 보아 501년(지증마립간 2)에 건립된 것으로 추정된다. 이것은 비석이 건립된 흥해 지역에서 발생한 소유권 분쟁에 대한 내용을 담고 있으며, 이 분쟁을 해결하기 위한 판결과 처리 과정, 최종 판결을 보여 주고 있다. 이 지역에서 일어난 분쟁에 신라 왕경의 6부민이 관여되어 있다는 점에서 중앙과 지방과의 관계를 해명할 수 있는 실마리를 제공하고 있다.

지방 사회의 촌과 관련하여 "소두고리촌蘇豆古利村의 구추열지仇鄒列支 간지干支와 비죽휴沸竹休 일금지壹金智, 나음지촌那音支村의 복악卜岳 간지干支와 걸근乞斤 일금지壹金知"라는 구절이 나와 당시 촌에는 간지와 일금지라는 외위를 가진 유력자가 존재했음을 알 수 있다. 동일하게 촌에 존재한 2인의 유력자에 대한 정보는 〈포항냉수리신라비〉에도 보여 당시 촌에는 간지-일금지라는 외위를 가진 사람이 있었음을 알 수 있다. 이 비에는 촌주라는 직명은 보이지 않으나 간지라는 외위로 보아 간지를 가진 사람이 촌주였을 가능성을 보여 주고 있다.

수리신라비〉(503)에 보이는 '촌'이 처음 사용된 예다. 이 시기부터 6~7세기에는 지방 사회의 단위로서 촌이 광범위하게 사용되었다.

촌이라는 지역 단위는 신라에서 '촌', '성城', '모라牟羅', '곡谷' 등으로 불렸으며, 두 가지 의미로 쓰였다. 하나는 왕도인 경주에 거주하는 왕경인이 자신이 소속된 부部의 이름을 출신지로 기록하는 것과 마찬가지로 지방민의 인명 앞에 출신지를 표시할 때 사용했다. 예를 들어 '진이마촌珍而麻村 절거리節居利', '아대혜촌阿大兮村 소평지所平之'는 진이마촌 출신의 절거리, 아대혜촌 출신의 소평지라는 뜻이다. 이처럼 지방민의 인명을 관직명官職名-촌명村名-인명人名-외위명外位名의 순서로 기재했는데 촌을 한 단위로 삼아 출신지를 표기하고 있다. 당시 신라 사람들은 출신지에 따라 크게 왕경에 거주하는 왕경 6부인●과 지방에 거주하는 촌민으로 구분되었다. 출신지는 단지 지역 구분만을 의미하는 것이 아니었다. 지방민은 왕경 6부인에 비해 신분적인 차별을 받았다.

다른 하나는 지방에 파견된 왕경인인 당주, 나두邏頭, 도사가 있는 지역에 대한 행정 단위로서 사용한 경우인데, '물사벌성당주勿思伐城幢主', '아단혜촌도사阿旦兮村道使'와 같은 예는 물사벌성에 파견된 당주나 아단혜촌에 파견된 도사를 의미한다. 이 경우는 주州-군郡-촌의 행정 체계에서 최말단의 행정 단위로서 사용되었으며 국가 권력에 의한 지방 지배의 모습을 보여 준다. 이와 같이 '촌', '성', '모라', '곡'은 단순한 행정 단위로서만이 아니라 지방민의 출신지를 나타내는 지역 단위를 의미한다. 이들은 신라에 편입되기 이전 시기의 읍락 집단을 의미하며, 동일한 성격의 집단을 지칭한다. 이들이 다양한 명칭으로 불린 것은 지역 집단 간의 세력 격차를 반영하는 것이 아니라 이들 집단이 처한 자연적·인위적 환경에서 기인한다.

중고기中古期(514~654) '촌'을 둘러싼 다양한 단위성을 중심으로 지방 행정 단위를 보면 촌의 위상을 알 수 있다. 함안 성산산성城山山城에서 발견된 6세기 중엽의 신라 목간을 보면, "고타일고리촌말나사견古陁一古利村末那沙見 / 일사리패석日糸利稗石"이라는 구절이 있다. '고타古陁의, 일고리촌一古利村(촌명), 말나末那(자연 취락)에 사는 사현沙見과 일사리日糸利(인명)가 납부한 세금인 패稗(피, 곡물) 한 석石(섬)'이라는 의미다. '고타'는 촌명 앞에 나오는 것으로 보아 군郡을 가리키고, 다음에 보이는 말나는 큰 마을 안에 있던 자연 취락을 말한다. 그런데 이 자연 취락을 가리키는 지명이 독자적으로 사용된 사례는 현재까지 없으며 촌과 같이 고유한 단위로 파악되지도 않았다. 대신 '이골리촌아나伊骨利村阿那', '일고리촌말나一古利村末那'처럼 촌명 뒤에 기록되었다.

중고기의 촌은 몇 개의 자연 취락으로 구성되어 있었으며, 촌이 모여 군을 형성했다. 이렇게 본다면 당시 촌은 자연 취락이 모여서 이루어진 큰 마을임을 알 수 있다. 아직 신라에서는 자연 취락까지 촌이라는 단위를 사용해 지배하지는 못했다. 이처럼 '촌'이라는 용어는 처음에는 작은 규모의 마을들로 이루어진 규모가 큰 마을을 가리켰으나 점차 작은 마을 단위를 지칭하는 쪽으로 바뀌면서 현재에는 마을을 뜻하는 일반 명사로 쓰인다. 이러한 의미의 변화 과정은 시대에 따른 한국 촌락 사회 구조의 흐름과 변화를 보여 준다.

이를 정리해 보면 당시 지방의 행정 단위는 주-군-촌-(자연 취락)으로 구분되었으며, 국가에서 행정적으로 파악한 단위는 촌까지였음

ⓐ 古陁一古利村末那沙見

함안 성산산성 목간

을 알 수 있다. 촌에는 지방관으로 도사가 파견되었고 촌을 대표하는 지방민은 촌주였다. 도사는 왕경인으로 촌에 파견된 존재였고 촌주는 자신이 속한 출신 촌의 지배 체제에서 말단적인 존재이자 촌민의 대표자였다. 도사는 지방관이요, 촌주는 지방 세력의 대표이지만 둘은 같은 지역 단위인 촌과 관계하고 있었다. 이때에 촌주는 지방관인 도사와 대등한 위치에 있었다.

이러한 촌의 성장은 신라 지방 지배의 발전과 상관관계가 있다. 5세기 후반 도시를 정비하고 시장이 설치되면서 경주는 왕경王京으로서의 모습을 갖추어 나갔다. 이러한 왕경의 정비는 신라 6부를 왕경의 행정 구역으로 전환시키는 계기가 되었을 것이다. 그 전환의 시기는 여러 가지 이설이 있지만 5세기 후반부터 6세기 전반으로 추정할 수 있다. 이와 더불어 신라는 소국 내 거점 지역에 축성을 활발히 전개하고 도로, 교통망을 완비했다. 국가 체제의 정비와 더불어 각지의 소국과 읍락 집단을 일원적으로 파악할 필요가 제기되면서 이전에 일부 지역에서 실시한 촌으로의 편제가 완료되어 전국적으로 촌제村制가 실시되었다. 대체적 시기는 지방 제도의 정비가 일단락된 505년(지증왕 6)이라고 추정된다.

당시의 지방 제도가 촌을 기본 단위로 했음은 《양서梁書》〈신라전〉에 나오는 기록으로도 알 수 있다. 이 사료는 6세기 초 법흥왕대의 사정을 기록한 것으로, 52읍륵邑勒에 관한 언급이 있다. 읍륵에 대해서는 중고기 지방 제도와 관련해 다양한 견해가 개진되었지만, 이는 그 숫자로 보아 군이라기보다는 촌이라고 여겨진다. 《삼국사기》〈지리지〉를 보면 원래 신라와 가야 지역이던 상주, 양주, 강주를 합한 지역에는

1소경 33군 95현이 있었는데, 33군은 52읍륵과 많은 차이가 있으므로 군이 곧 읍륵은 아니다. 그런데 신라, 가야 지역의 현縣이 95개라면, 신라 지역의 현은 50여 개였을 것이므로 현이 읍륵일 가능성이 있다. 중고기 촌이 통일기에 현으로 개편되었다면 읍륵은 곧 촌이라고 여겨진다. 이것은 곧 소국 내의 단위 집단인 읍락이 읍륵으로 되었음을 알려 주고 있다. 따라서 6세기 초에는 아직 군이란 명칭이 지방 행정 단위로 사용되지 못하고 촌이 지방 행정 단위의 기본이 되었다.

삼한의 읍락이 신라로 들어오면서 촌으로 편제되고 촌을 묶어 군으로, 다시 군을 묶어 주로 행정 단위를 구성했다. 기본 행정 단위인 촌은 통일기에 현으로 편제되고 자연 취락은 촌으로 불리게 되었다. 따라서 신라 지방 사회의 변화는 촌을 중심으로 해명해야 하며, 촌의 명칭이 큰 마을 단위에서 작은 자연 취락으로 변하는 과정은 신라 지방 사회의 발전과 궤를 같이하는 것이다.

촌의 계층 분화

당시 신라에는 읍락 사회의 변동과 더불어 읍락민의 계층 분화가 활발히 진행되었다. 4세기 중엽 이후 흉년이 들자 굶주리는 읍락민과 떠돌아다니는 유망민이 많이 발생했다. 또 자식을 파는 계층도 등장했다. 이러한 읍락 내부 계층 분화의 결과로 발생한 몰락민은 자기 읍락을 떠나 떠돌아다니거나 흉년에 자식을 팔아 생계를 유지했다. 몰락민은 다른 읍락으로 들어가든 읍락 내의 부유 계층에게 고용살이하든 생계를 유지해야 했다. 이것은 곧 몰락민을 용인傭人으로 받아들이거나 남의 자식을 고용하는 계층이 생겨난 것을 의미한다. 이 단계에서는 계층 분화가 더 이상 읍락 집단 내부의 문제일 수만은 없었으므로 신라는 유망민을 귀농시켜 읍락의 안정을 도모하고자 했다. 이와 같은 4~6세기의 변화 속에서 호민이 성장하는 모습을 충분히 상정할 수 있다.

이 당시의 상황을 전하는 이야기로 서동 설화가 있다. 마를 팔아 홀어머니를 모시며 살던 서동은 신라의 선화공주를 사모해 거짓 노래를 퍼뜨리고, 그 때문에 쫓겨난 공주와 결혼한다. 그는 공주를 통해 자신이 모아 온 황금의 가치를 깨닫고 이를 신라 진평왕에게 보낸다. 왕의 신임을 얻은 서동은 백제의 무왕이 되었다고 한다.

이 설화에서는 서동의 사회적 지위가 바뀌어 가는 과정을 통해 세 가지 유형의 인간상이 등장한다. 첫째, 홀어머니를 모시고 마를 캐어 내다 팔면서 살아가는 서동과 같은 가난한 사람들의 모습이다. 이런 유형의 사람들은 비록 경제적으로는 몰락한 존재라 하더라도 신분적으로는 자유로운 존재로 묘사되었다. 둘째, 가난했던 서동과 같이 황금을 팔아 부자가 된 사람들의 모습이다. 이들은 전통적으로 귀족 계급에 속해 경제적 부를 향유하고 있던 사람들과는 다른 존재였다. 셋째, 서동과 같이 경제적 부와 신라 왕과의 관계를 기반으로 민심을 얻어 지배 세력의 일부로 편제되는 사람의 존재다.

4~6세기 사회 변동의 와중에서 철제 농기구를 소유한 계층은 이를 기반으로 토지와 부를 축적한 호민층으로 성장했고, 반면에 그렇지 못한 계층들은 토지를 잃고 몰락해 호민층에게 자신의 노동력을 팔거나 떠돌아다녔다. 마를 캐어 내다 팔아 생계를 유지하던 서동은 몰락민이었으나 후에 재산을 모아 호민층으로 성장하고 있었다.

이러한 상황에서 신라 정부는 읍락 사회의 재편을 추진한다. 기존의 읍락을 지방 통치 조직상 촌으로 편제하고 거수를 촌주로 임명해 읍락 내에서의 지배력을 인정해 주었다. 한편으로 호민에게는 지방민에게 주어지는 관직과 관위인 직역職役과 외위外位를 부여해 국가 지배 질서 속으로 흡수했다. 읍락에서 촌으로 개편하는 과정은 단순한 외형상의 개편이 아니라 읍락 내의 계층 분화에 대해 국가에서 파악한 기초 위에서 성립했다. 국가는 촌 내의 계층 구조를 파악해 호민층에게 외위를 주었다.

〈영일냉수리신라비〉는 읍락에서 촌으로 편제하는 초기의 모습을 보여 주는 자료다. 이 비에는 503년(지증왕 4)에 진이마촌珍而麻村 절거리節居利의 재물財物에 대한 권리와 그 분쟁 및 상속을 판결한 내용이 기록되어 있다. 진이마촌에 거주하는 절거리의 재물에 대해 같은 촌의 말추末鄒, 사신지斯申支가 분쟁을 일으키자 신라 정부가 직접 개입해 절거리에게 재산을 귀속시키고 이를 비석에 기록했다. 이에 대해 같은 촌의 촌주와 그 아래 촌민 1인이 제반 사무를 처리했다.

여기에 나오는 진이마촌의 촌주는 유지庾支 간지干支이다. 진이마촌은 신라의 촌으로 편제된 촌락으로 그곳의 촌주인 유지가 행정 사무를 처리했으므로 〈영일냉수리신라비〉에 등장하고 있다. 간지는 국가에서 부여한 외위임이 확실하지만 원래는 족장이나 수장을 의미했다. 유지는 읍락을 거느리던 거수가 국가 지배 질서 내에서 촌주로 편제된 경우라고 할 수 있다. 즉, 유지는 읍락이 촌으로 편제된 후에도 여전히 기득권을 인정받아 촌의 여러 문제를 처리했다. 그런데 이 기록에 따르면 촌민인 절거리의 재물에 관한 판결 결정과 처리 과정에서 촌주인 유지는 직접적으로 관여하고 있지 않다. 재물에 관한 사항이 국가 중대사이기 때문일지도 모르겠으나, 촌민에 대한 결정 과정에 촌주가 배제된 것은 이전 읍락 사회에서는 있을 수 없는 일이었다. 이는 거수 아래 맺어진 읍락 사회에서 최고 유력자의 지위가 국가 질서 내의 촌주로 편제되면서 하강하고 있음을 의미한다.

또한 여기에는 촌민인 절거리가 국가에 의해서 재물에 대한 권리와 상속을 인정받은 데 대해 같은 촌민인 말추, 사신지가 이의를 제기하는 내용이 있다. 분쟁에 참여한 촌민들은 외위를 받지는 못했지만 재물에 대한 권리와 분쟁을 제기할 정도의 유력자인 호민이었다. 절거리, 말추, 사신지 등의 유력자들은 비록 국가로부터 정치적 지위인 직역과 외위를 받지는 못했지만 재물에 대한 권리를 매개로 해서 국가와 관계를 맺었다. 이 경우의 재물은 단순히 광물鑛物이라는 의미뿐만 아니라 광물에 대한 권리라고 볼 수 있다. 국가에서는 촌 내의 유력자인 호민이 조세를 수취하고 역역力役을 징발하는 과정에서 수행한 노고에 대가로 광물에 대한 일정한 권리를 부여했을 것이고 호민은 이 권리를 매개로 부를 축적했을 것이다. 그러므로 분쟁은 이러한 권리를 둘러싸고 전개되었고 이 권리는 국가의 공인을 얻음으로써 유효했다. 이와 같이 국가는 촌 내부의 사정을 파악하고 있었으며 촌 내의 유력자를 국가 질서 내로 묶어 두고자 노력했다.

국가의 입장에서는 읍락을 촌으로 파악해 촌 단위의 수취 체계를 유지하며, 직역과 외위를 매개로 촌의 중심 계층인 호민층의 현실적 지위를 인정해 줌과 동시에 이들을 촌 내 질서에 속박시킬 수 있었다. 읍락의 거수인 촌주는 신라 국가가 부여한 직역과 외위를 통해 촌민에 대한 권리를 행사했다. 이들은 기존의 기득권을 인정받았지만 촌주라는 직역을 통해서만 가능했다. 부유한 읍락민은 거수와 관계를 맺거나 철제 농기구를 기반으로 토지를 집적하면서 유력 계층인 호민층으로 성장했으나 일반 읍락민과의 관계를 정립할 필요가 있었다. 그뿐만 아니라 개간을 통한 촌역의 확대 과정에서 야기된 촌 사이의 충돌을 조정하기 위해서도 국가 권력에 의지해 자기 기반을 국가로부터 인정받고 촌역을 확정해야 했다. 따라서 이들은 국가로부터 외위를 받아 자신의 기반을 인정받았을 뿐 아니라 그 내부의 계층 관계도 제도적으로 보장받았다.

　일반 민의 입장에서는 국가 권력하의 촌민이 됨으로써 촌락을 떠나 떠돌아다니는 유망에서 벗어나 국가로부터 구휼救恤 등의 방식으로 일정한 보호를 받을 수 있었다. 한편으로 촌주나 호민의 토지 집적에 따른 자기 기반을 침식당할 위험성을 줄일 수 있었다. 이러한 국가와 뭇 계층 간의 관계 속에서 직역과 외위를 매개로 촌 내의 계층이 분화되었는데, 이에 따라 촌의 구성원들은 제도적으로 외위를 받는 층과 일반 민으로 구분된다. 거수와 호민은 촌제村制를 통해 국가의 지배 질서 내로 편입되면서 외위를 받아 자신들의 현실적 지위를 인정받은 존재다. 이들은 직역을 부담하면서 정치적으로는 지배 계층의 범주에 속하는 촌 내의 유력 계층이었다. 일반 민은 일정한 직역의 부담이나 외위를 받지 않고 다만 국가에 대해 조세와 역의 의무를 지는 피지배층이었다. 외위를 받는 층으로 편성되어 가던 호민은 촌 내에서 그 결속의 규제를 받으면서 외위를 통해 일반 촌민을 지배하려고 했다. 한편 외위를 받는 층 안에서도 세력 차이나 신라 국가와의 관계에 따라 직역과 외위에 따른 계층 질서가 이루어지고 있었다.

통일신라시대
촌락 사회의 발전

농기구의 개량과 경지 개발

신라는 6세기 이후 수리 시설의 하나인 제방堤防을 국가 차원에서 축조하거나 수리하는 공사를 대대적으로 전개했다. 이를 통해 전국 규모의 토지 개발은 경주 왕경을 시작으로 주요 지방도시인 소경小京과 주치州治(주의 중심지)에 해당하는 지역에서 먼저 이루어졌다. 이와 같이 신라 중고기부터 새로운 토지가 개발되면서 소경과 같은 지방도시가 건설되고 국가 소유의 토지가 늘어나게 되었다.

신라 통일기에도 새로운 경지의 개발과 논농사가 확대되었는데, 이는 국가에서 관장하는 수리 시설의 보수와 관련을 가지고 있었다. 신라의 수리 사업사에서 6세기만큼 주목을 끄는 또 하나의 시기는 8~9세기이다. 이 시기에 제방의 증축과 보수에 대한 기록이 연이어 나오는데 이는 전국적 규모로 행해지고 있었다. 백제 때 수축한 벽골제는 원성왕 6년(790)에 전주 등 7주의 백성을 모집해 증축했다. 헌덕왕 2년(810)과 헌안왕 3년(859)에도 전국적 범위로 제방의 수리를 명하고 있다. 또 원성왕 14년(798) 4월에는 영천 청제를 수리했으며, 그 내용을 기록한 것이 〈영천청제비〉(정원명貞元銘)다. 이와 같이 신라에서는 9세기 전후에 수리 시설의 수리와 보수가 집중적으로 이루어지고 있었다. 수리 사업이 활발해지는 것은 농업 생산력의 발달과 관계가 있고 또 이는 녹읍의 부활, 장원의 발달 등 귀족 경제력의 발전과도 궤를 같이 하고 있었다. 이 시기에 진행된 수리 사업은 새로운 수리 시설의 축조라기보다는 5~6세기에 이루어진 시설을 보수, 확대시킨 것이라고도 할 수 있다.

이 시기의 개발은 철제 농기구의 보급을 통해 전국적인 규모에서 이루어졌다. 철제 농기구가 출토된 유적은 성격상 두 가지로 구분되는데, 하나는 사원·왕궁·관아를 포함한 건물지이고 다른 하나는 산성이다. 건물지로는 경주 황룡사지·안압지, 익산 미륵사지·왕궁리, 용인 언남리 등이 있고, 산성으로는 부여 부소산성, 공주 공산성, 양주 대모산성, 하남 이성산성, 이천 설봉산성·설성산성, 서울 아차산성 등이 유명하다. 이전 시기에는 주로 무덤에서 철제 농기구가 출토되었으나 이제 무덤에서 출토되는 양은 현격히 줄어들고 대신 생활 유적에서 출토되는 양이 크게 늘어났다.

출토된 철제 농기구는 볏 쟁기, U자형 쇠날, 살포, 따비, 쇠스랑, 낫, 호미 등이다. 이 중에서 중요한 변화는 볏 쟁기와 낫 모양 호미의 출현이다. 삼국시대의 쟁기는 볏이 달리지 않아서 흙을 불규칙하게 갈아 깊이갈이에 한계가 있었으나 볏이 달리면서 일정한 방향으로 흙을 뒤집어 효율적인 깊이갈이가 가능해졌다. 호미는 여름에 왕성하게 자라는 잡초를 제거하는 제초구로서 삼국시대 날이 넓적한 모양에서 날렵한 낫 모양으로 변화해 제초 효과를 높였다. 이 시기의 철제 농기구는 삼국시대 농기구와 같은 종류가 많으나 형태와 기능이 농작업에 효율적으로 변화했다.

신라 통일기에 지방 관아나 방어 시설, 그리고 관련 사원 등에서는 자체적으로 농기구를 소유하고 필요시에 경작 농민들을 사역해 농사를 지었을 것으로 추정된다. 구체적 농업 경영의 형태는 추측하기 곤란하지만 적어도 지방의 국가 관련 기관에서 철제 농기구를 집중적으로 소유했다는 사실은 확인할 수 있다. 이러한 농업 경영을 바탕으로 신라는 국가 통치의 물적 기반을 마련했을 것이고 더 나아가 지방의 물자를 독점해 지방 지배를 관철했다.

국가 주도의 촌락 사회

신라 통일기에는 주요 지역들이 왕경과 지방 도시를 중심으로 도시의 면모를 띠었고 지방 대다수 촌락은 농촌의 모습을 하고 있었다. 이 시기 신라 도성의 방리제坊里制는 도로 중심선을 기준으로 동서 160미터 전후, 남북 140미터 전후인 장방형으로 이루어져 있다. 신라 도성은 경주 분지 내 평지의 개발과 짝해 형성되었는데 중고기 이후 지금의 경주 중심부를 이루고 있던 저습지를 개발해 사원을 건립하면서 시작되었다. 당시 전형적인 중국 도성과는 차이를 보이나 월성을 중심으로 하는 궁궐과 관아, 그 좌우에 불교 사원을 배치해 신라 나름의 도성을 조성했다. 경주 분지 내의 왕경은 바둑판 모양의 가로망을 질서 정연하게 구획해 방리坊里를 설정했고 각 방리는 도로를 통해 구획되었다. 방리 안에는 궁궐과 더불어 진골 귀족의 36금입택金入宅이 위치했다. 왕경을 둘러싸고 있는 지역에는 각각 대성군大城郡과 상성군商城郡을 설치해 왕경의 주변에 있는 특수 행정 구역인 왕기王畿로 편제했다.

지방의 주요 거점에는 주의 중심지인 주치州治를 설치하고 주치에서 왕경으로 통하는 주요 교통로에는 소경을 설치했다. 소경은 왕경

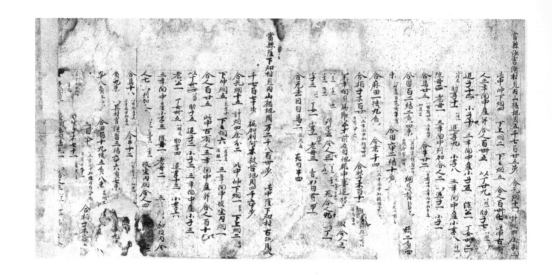

687(신문왕 7)
신라, 문무관에게 관료전 지급.

689(신문왕 9)
신라, 녹읍 폐지.

722(성덕왕 21)
신라, 정전 지급.

757(경덕왕 16)
신라, 녹읍 부활.

신라촌락문서   이 문서는 일본 도오다이지 쇼소인正倉院에 있는 화엄경론 경질의 표지 내부에 있던 문서로서, 신라 통일기 촌락 사회의 모습을 보여 주는 자료이다. 이 문서에는 사해점촌·살하지촌·ㅁㅁ촌·서원경 ㅁㅁ촌 등 4개 촌에 대한 상세한 내용이 촌명과 촌의 경계, 인구, 소와 말의 수, 토지, 나무, 촌의 변동 등 다양한 내용을 담고 있다. 당시 서원경(지금의 청주)을 중심으로 형성된 촌에는 평균적으로 10여 호의 집에 100여 인의 사람으로 구성된 자연촌이 나와 촌의 구체적인 모습을 추출할 수 있다. 신라 통일기에는 중고기와는 달리 자연 취락에까지 촌이라는 단위명을 부여했으며, 이제 자연 취락이 사회 구성의 단위로 기능하게 되었다.

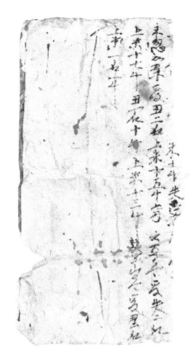
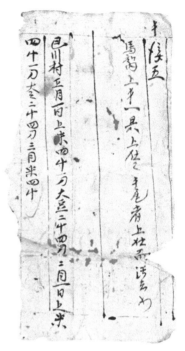

사하리가반문서　　이 문서는 사발을 싼 문서로서 일본 도오다이지 쇼소인에 소장되어 있다. 문서는 앞뒷면으로 구성되어 있는데, 앞면에는 말린 말고기와 멧돼지고기를 점검하고, 촌 단위로 쌀과 콩을 다달이 걷은 상황을 기록했다. 뒷면에는 벼를 도정하여 쌀로 만들어 걷는 내용을 보여 주고 있다. 이 문서는 앞면의 내용이 먼저 기재되고 나서 그것의 사용이 중지된 뒤에 뒷면의 문서를 재사용했음을 알려 준다. 문서가 수명을 다하고 나서 바로 버리는 것이 아니라 뒷면을 다시 활용했던 것이다. 이 문서에서는 당시 자연 취락인 촌을 단위로 곡물을 징수했음을 보여 주고 있어 지방 사회에서 촌이 차지하는 위상을 알 수 있다.

과 같이 하천변의 충적 평야에 왕경의 방리처럼 바둑판 모양의 가로
망으로 구획해 관아나 사원을 중심으로 시가지를 조성했다. 각 지역
에서 올라오는 수취물은 중간 지점인 소경을 경유해 왕경으로 집중적
으로 모이고 있었다. 이는 당시 왕경을 중심으로 운영되던 신라 사회
의 모습을 반영하고 있다. 소경은 왕경 중심의 지배 체제를 관철하기
위해 건설된 지방의 거점 도시라 할 수 있다.

　당시 새로운 토지의 개발은 농경지의 확대와 더불어 새로운 촌락의
형성도 촉진했다. 일본 쇼소인正倉院에 소장된 신라 통일기에 작성된
〈신라촌락문서〉에서는 당시 촌락의 형성 과정을 살펴볼 수 있다. 여
기에 보이는 촌은 6~7세기의 대규모 마을인 촌과 달리, 통일기 자연
취락을 의미한다. 촌역에 대한 표현은 당현當縣 소속의 촌이 '견내산
개지見內山榰地'로 되어 있고 서원경西原京 소속의 촌은 '견내지見內地'
로 되어 있어 두 가지 형식임을 알 수 있다. 견내산개지는 촌 내의 평
지와 산지, 하천, 습지 등을 모두 포함하며, 견내지는 산지가 없는 평
지를 지칭한다. 이 중에서 주목되는 것이 서원경 소속 촌락에 보이는
'견내지'이다. 평지에 있던 서원경 소속 □□□촌을 구성하는 촌역의
상당 부분이 하천 주변의 저지대였다. 그러나 지금의 청주에 해당하
는 서원경은 무심천과 우면산을 중심으로 형성된 고대 도시로서 소경
에 해당하는 중심지는 낮은 저지대였을 것이나 외곽에 위치한 촌락들
은 천변의 평지와 낮은 구릉으로 이루어져 있었다. 따라서 견내지는
저대지로 한정하기보다는 천변의 낮은 구릉 지대를 포함한 평지로 보
는 것이 타당하다.

　서원경은 신라 통일기를 전후해 신라 중앙 권력이 지방의 요충지

및 교통로에 설치한 지방 도시다. 다른 소경들과 마찬가지로 서원경은 하천 중상류의 분지에 자리 잡고 있으며, 그 주변에는 하천의 범람으로 형성된 충적 평지가 넓게 펼쳐져 있다. 그 하천변을 따라 고대 시가지가 바둑판 모양으로 정연하게 조영되었다. 이는 경주 분지 한복판에 위치해 남천, 서천, 북천으로 둘러싸인 왕경의 입지 조건과 유사하다. 중국 고대 도시들이 물을 구하기 위해 하천변에 위치한 사실을 상기하면, 이러한 입지는 대규모 인구의 집주와 연관된다고 여겨진다. 이는 곧 서원경 자체가 인위적으로 건설된 고대 도시라고 규정할 수 있다.

서원경에 속한 ㅁㅁㅁ촌도 마찬가지로 국가 권력에 의해 인위적으로 조성된 촌락이라 할 수 있다. 당현 소속의 사해점촌과 살하지촌이 '견내산개지'로 표시된, 산으로 둘러싸인 평지를 끼고 있는 전통적인 자연 취락의 입지를 가진 것에 비해, 서원경 소속인 ㅁㅁㅁ촌은 '견내지'로 표시된, 하천가의 낮은 구릉지를 포함하는 평지에 새로이 개발한 토지를 기반으로 형성된 새로운 촌락이다. 이는 6세기 이래 신라 왕권을 중심으로 전개된 새로운 국토 개발의 성과이기도 했다. 따라서 이 촌락은 기존의 촌락을 지방 행정 단위의 촌으로 편제한 일반적인 자연 촌락이라기보다 국가 공권력에 의해 새로운 토지에 조성된 촌락의 하나라고 해도 좋을 것이다.

신라 통일기에는 일반적으로 주-군-현縣의 지방 제도가 정비되고 그 아래에 자연 취락을 단위로 촌이 편제되었다. 이것은 주로 전정田丁*과 호구戶口*를 기준으로 재편한 것으로, 토지와 인구 수가 현보다 적은 지역은 향鄕 또는 부곡部曲으로 편제했다. 6~7세기 신라 국가는

전정
국가에서 전국의 토지를 조사할 때 일정한 면적을 단위로 파악했는데 이를 전정이라고 한다.

호구
호적 대장에 기재된 집과 인구의 수를 말한다.

촌을 기본 단위로 삼아 도사-촌주의 협력을 통해 촌제라는 운영원리로 지방을 지배할 수 있었다. 신라 중고기 촌을 운영하고 있던 도사와 촌주의 관계에서 변화가 생긴 것은 신라 통일기 이후에 지방 지배의 단위가 촌에서 현으로 바뀌고 현 단위의 지방관으로 현령縣令과 소수少守가 파견되면서다. 현이 될 수 없을 정도로 인구가 적으면 이를 향 또는 부곡으로 삼았다는 것으로 보아 현이 되기 위해서는 토지와 인구가 일정한 기준에 도달해야 했다. 이와 같이 신라 통일기에 이르면 전정과 호구의 많고 적음에 따라 소수가 파견된 현과 현령이 파견된 현으로 나뉘고 다시 향, 부곡과 같은 행정 구역이 설정되었다. 중고기 촌이 지역 사회의 자율성에 기반을 둬 편제된 것이라면 통일기 현은 일정한 기준에 의해 설정되었기 때문에 자치적인 기반보다는 지방 통치의 측면이 강조되었다.

이렇게 통일기의 현을 토지와 인구를 기준으로 재편하기 위해서는 국가 권력에 의한 지방 사회의 재편이 전제되어야 했으며, 이를 가능하게 하기 위해서는 먼저 영역 내의 토지와 인구를 완전히 파악해야 했다. 당시 신라에서 이러한 기본 사항에 대한 영역 내의 파악이 일정하게 이루어졌음은 〈신라촌락문서〉를 통해 유추할 수 있다. 이는 삼국을 통일한 신라 국가의 물적 기반이 확대된 상황이었기에 가능했다.

따라서 현제縣制의 실시는 국가 권력에 의해서 지방 사회가 계획적으로 개편되는 상황과 밀접한 관련이 있다. 이것은 지역 사회의 자율성을 인정하고 그 연장선상에서 재편이 이루어진 중고기 촌제의 실시와는 다른 양상이라 할 수 있다. 이처럼 신라 통일기에 주-군-현의 지방 제도가 정비되면서 중고기의 촌은 현으로 편성되고 촌이라는 단위 명칭

청원 쌍청리 환호 가옥　　이 유적은 신라 통일기에 축조된 도랑으로 둘러싼 가옥으로, 주름무늬병과 편구병 등으로 보아 9세기 중반경에 축조되었을 것으로 추정된다. 그 내부에서는 양오가불촌주喜加弗村主라고 새긴 명문기와가 다수 출토되었다. 이로 보아 현재의 쌍청리 일대는 신라 통일기에 양오가불촌으로 불리웠으며, 이 촌은 기와를 제작하기도 했음을 알 수 있다. 또한 양오가불촌의 촌주는 이 환호 가옥에 거주한 인물이었으며, 촌주의 구체적인 거주지를 알 수 있게 되었다는 점에서 의의가 있다. 이러한 환호 가옥은 국가에서 축조한 토성이나 석성에 비해 소규모이지만 촌주층이 독자적으로 환호 가옥을 조성할 정도로 성장하고 있음을 알 수 있다.

'기촌器村'이라 새겨진 토기 명문　　서울 사당동에 있는 신라 통일기의 토기 가마터에서 출토된 토기 명문으로 대략 8세기경의 것으로 추정된다. 'ㅁ縣器村何支爲'은 'ㅁ현에 속하는 기촌에 사는 하지라는 사람이 ─을 했다'라는 내용을 담고 있다. 기촌은 토기 등 그릇을 전문적으로 생산하는 특수한 마을을 의미하고, 하지는 토기를 만드는 공인의 이름으로 보인다. 신라 국가는 현 아래에 전문적인 특수 촌락을 촌으로 설정하고, 이들 지역에 토기를 제작하는 기술자 집단을 이주시켜 전문적 토기 생산지로 발전시켰다.

은 그 아래의 자연 취락에 사용되었다. 자연 취락이 촌이라는 단위성을 가진 것에 주목해 통일기의 촌을 자연촌이라고 학술적으로 부른다. 이 과정에서 신라 통일기의 지방 사회는 새로운 모습을 띠게 된다.

신라 통일기 지방 사회를 이해하기 위해서는 현 단위의 모습을 파악하는 것이 중요하다. 856년(문성왕 18)에 만들어진 〈규흥사종명竅興寺鍾銘〉에서는 당시 현의 상황을 엿볼 수 있다. 현에는 현령이 있고 그 아래에 촌주 2~3인이 서열에 따라 상촌주上村主·제이촌주第二村主·제삼촌주第三村主로 배열되어 현의 관청인 현사縣司를 구성한 것으로 보인다. 여기에 나오는 현령은 왕경 사훼부 출신으로, 종을 만드는 사업에 주도적인 역할을 하면서 현의 운영을 주도하고 있었다. 통일기에 현령을 중심으로 하는 현사가 사찰의 조영과 주종 등 사찰 제반 업무에 간여할 정도로 지방 사원과 관아는 서로 밀접한 관계를 맺고 있었다. 이제 현령은 관내 사원의 주종 사업에 중요한 역할을 해 현 내부의 제반 행사에까지 참여할 정도로 현을 주도적으로 이끌어 갔다. 촌주는 지역민 중에서 임명되었으며, 삼중사간三重沙干, 사간沙干(경위 8등급), 급간乃干(경위 9등급) 등의 중앙 관위인 경위를 받았다.

신라 중고기의 지방 지배가 지방 세력의 기반을 일정하게 인정하는 선에서 지방관인 도사와 촌 내의 최고 유력자인 촌주와의 협의에 의해 이루어진 것에 반해, 통일기의 지방 지배는 현령이 주도하는 관 주도의 지방 운영을 지향했다. 즉 신라 통일기의 지방 정책은 신라 왕권이 강화되는 과정에서 왕을 대리해 지방을 통치하는 지방관에게 해당 지방 지배의 실권을 부여하는 방향으로 전환되고 있었다.

자연촌의 발전

〈신라촌락문서〉에 나오는 네 곳의 자연촌自然村 중 한 곳에서는 촌주의 직위를 수행하는 데에 대한 보상으로 주어진 직전職田에 해당하는 촌주위답村主位畓을 확인할 수 있다. 당시 자연 취락인 자연촌은 국가가 파악하는 지방 지배 단위이자 부세의 기초 단위로 존재했다. 그러나 자연촌마다 촌주를 임명한 것은 아니었고 상위 지방 행정 단위인 현에 촌주를 여러 명 임명해 복수의 자연촌을 관리했다.

당시 자연촌에는 두 가지 유형이 있었다. 하나는 하천 주변이나 들판에 형성된 농업 생산을 위주로 한 농업형 촌락이다. 산지로 둘러싸인 평지에 입지한 전통적 촌락과 더불어 〈신라촌락문서〉에 나오는 서원경 ㅁㅁㅁ촌과 같이 6세기 이후 국토 개발에 수반해 형성된 저지대 촌락도 존재했다. 다른 하나는 신라 통일기 유적지에서 발견된 토기에 새겨진 'ㅁㅁ현 기촌器村'과 같이 토기 등의 수공업 제품을 생산하던 수공업형 촌락이다. 깨어진 토기에 보이는 촌명인 기촌은 신라 통일기에 보이는 ㅁㅁㅁ촌이라는 일반적인 촌과는 달리 특수한 목적을 지닌 촌임을 알 수 있다. 다른 일반 촌락들이 농업을 주업으로 하는 전통적인 촌락이던 것에 비해, 기촌은 토기 등의 수공업품을 생산하던 수공업 촌락으로 판단된다. 이는 이 지역이 당시 전문적 토기 생산지였음을 의미하는 것이다.

이러한 기촌은 신라 왕권에 의해 현 아래의 자연촌으로 설정되었고, 토기를 제작하는 기술자 집단이 이주해 전문적인 토기 생산지로 성장했다. 기촌에서 생산된 토기는 주나 군현뿐만 아니라 신라 중앙의 내성內省이나 중앙 관서에도 공급되었다.

〈신라촌락문서〉에 나오는 촌에는 공연孔烟 수가 10여 호戶를 약간 웃돌고 인구는 100여 명을 넘고 있다. 공연은 한 가족인 호를 표현한 것으로 대가족인 자연호自然戶로 보기도 하고 국가가 인위적으로 몇 개의 소가족을 묶은 편호編戶로 보기도 한다. 공연을 편호로 가정하더라도 자연호의 수는 20~30호를 넘지 않았을 것으로 보인다. 이러한 규모의 촌락들은 마을을 형성하고 있던 자연 취락을 기반으로 하고 있었다. 그리고 신라 통일기에 자연 취락을 단위로 촌으로 편제되면서 자신의 고유한 지명에다가 촌을 붙이게 되었다. 따라서 자연촌은 일정한 역사성을 가진다. 자연적으로 존재하는 취락이 일정한 사회적 집단인 촌으로 인정받기 위해서는 국가에서 인정하는 지역 범위, 경제적 자립성, 상위 권력에 의한 정치적 인정 등이 고려되어야 한다. 이러한 조건을 만족시키기 시작한 것이 신라 통일기의 자연촌이고 〈신라촌락문서〉에 나오는 촌에서 그 전형을 구할 수 있다. 물론 자연촌은 촌의 상황에 따라 크기가 다양했고 실제로 고려시대에도 다양한 크기의 자연촌이 존재했다.

이와 같이 신라 통일기 〈신라촌락문서〉에 나오는 자연촌의 성장은 삼국시대 초기 이후 촌락 사회에 미치는 신라 왕권의 추이를 잘 보여주고 있다. 삼국시대 초기에는 중심 취락을 중심으로 몇 개의 자연 취락이 모여 이루어진 읍락이 사회의 기본 단위로 기능했다. 그러나 신라는 지방을 직접 지배하려는 노력을 기울이면서 읍락을 촌으로 편제하고 지방관을 파견해 직접 지배를 시도했다. 신라 중고기에는 아직 자연 취락 내부에까지 그 지배력을 미칠 정도로 지방 장악력이 강력하지 못했으나, 신라 통일기에는 자연 취락을 촌으로 편제해 지배했다. 이는 신라의 국가 권력이 자연 취락 단위에까지 지배력을 미칠 수 있을 정도로 성장했음을 반영하고 있다.

후삼국이 정립된 10세기를 전후하는 나말여초羅末麗初에는 현-자연촌의 행정 계통, 현령 중심의 지역 사회 운영이라는 틀에서 새로운 변화가 있었다. 이러한 변화는 신라 통일기 당시 국가 권력이 지방 사회를 적극적으로 재편하려 한 시도와 달리 지역 사회 내부에서 유력 계층(호부층豪富層)을 중심으로 전개되는 양상을 보여 준다. 이 시기 지역 사회에서는 자연촌보다 규모가 크거나 자연촌이 모여 성립한 지역촌을 단위로 지방 사회가 재편되었다. 현 단위에 속한 촌주들이 몇 개의 자연촌을 기반으로 신라에 속해 있던 신라 통일기에는 신라 왕권이 강력했기 때문에 지방 사회는 현령과 같은 지방관을 중심으로 결속력을 유지했다. 이 같은 상황에서 촌주들이 지방 사회에서 주도적인 역할을 수행하기는 곤란했다. 그러나 신라 왕권이 지방 사회에까지 미치기 힘들었던 후삼국시대에는 지방 사회의 유력자들이 몇 개의 자연촌을 아우르는 지역촌을 기반으로 새로운 지방 운영 질서를 마련하는 상황이 전개되기 시작했다.

— 김재홍

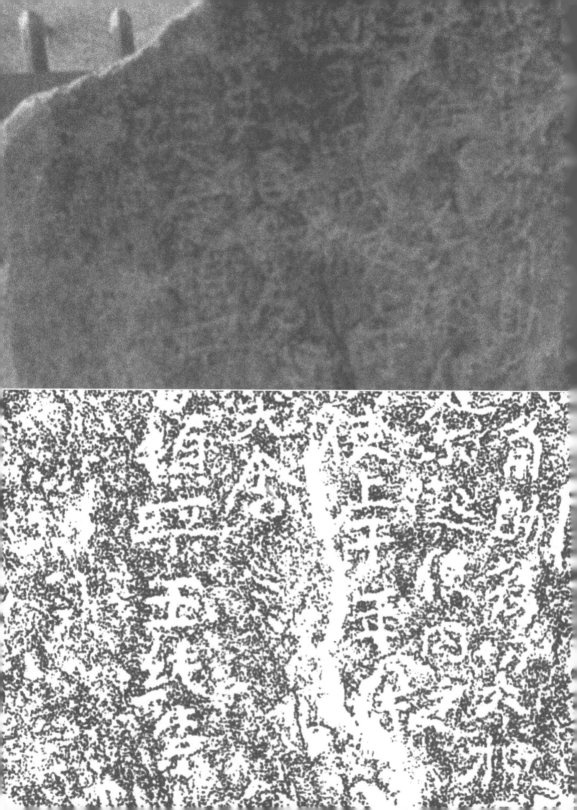

고구려, 백제, 신라는 초기부터 수취와 재정 담당 관리와 부서를 설치해 나갔다. 국가 영역을 확대하고 체제를 정비해 가면서 관리의 수는 늘었고, 관부는 확대, 분화되었다. 삼국의 수취 제도는 토지세인 조세, 특산물로 내는 공물세인 조調, 요역과 군역 같이 노동력을 징발하는 역역力役으로 구분되었으며 이것은 남북국시대에도 그대로 이어졌다. 이러한 수취와 징발을 위해 각국은 각 지역별로 성별·연령별 인구와 등급별 호등 산정 등을 지속적으로 파악했다. 이렇게 수취, 징발된 물품과 노동력은 다양한 항목과 필요에 따라 지출 또는 동원되었다.

국가 재정과
수취 제도

삼국과 남북국의 재정 수입과 지출

국가 재정 기구와 재정 관직

채화칠협

평안남도 대동군 남천면 남정리에 있는 낙랑시기(기원전 108~기원후 313)의 횡혈식 목실분인 채협총에서 출토된 채화칠협이다. 길이 39센티미터, 너비 18센티미터, 높이(덮개포함) 17센티미터의 질이 좋은 대나무 껍질을 사용해 만든 상자다. 네 귀와 덮개의 윗면과 옆면에는 흑칠바탕 위에 주·적·황·녹·다갈색 및 엷은 흑색 등으로 각종 문양과 관직명이 함께 기재된 100여 명에 이르는 인물이 그려져 있다. 짧은 옆면과 긴 옆면에 각각 한 사람 씩 '사자使者'라고 써 넣은 인물이 있다.

고구려

고구려에서는 일찍부터 재정을 담당하는 관부가 있었을 것이지만 잘 알 수 없다. 재정 담당 관리로는, 초기부터 보이는 '사자使者'가 수취와 관련된 업무를 수행했다. 3세기의 상황을 보여 주는 《삼국지》〈동이전〉 동옥저조에 따르면, 고구려는 동옥저東沃沮를 복속한 뒤에 동옥저의 대인大人을 사자로 삼아 통치하게 했고, "대가大加로 하여금 조세를 통괄해 수납하게 했는데, 맥貊·포布·어魚·소금·해중식물海中食物을 천 리나 되는 거리에서 져 나르게 했다"고 한다. 즉 3세기 무렵 고구려에서는 사자가 조부租賦의 수취를 담당한 것이다. 부여에도 대사大使·대사자大使者·사자 등이 보인다. 일찍이 낙랑 채협총彩篋塚의 채화칠협彩畫漆篋 옆면에도 '사자'라고 쓰인 인물이 있는 것으로 보아 사자는 중국의 영향을 받아 생긴 호칭인 듯하다.

왕명을 수행하는 사자는, 고구려의 국왕권을 중심으로 한 국가 체제가 확립됨에 따라 조부의 수취가 중시되면서 그 기능이 강화되었다. 이에 따라 사자는 대大·소小 등의 구분이 생겨 대사자·태대사자太

大使者·발위사자拔位使者·상위사자上位使者·소사자小使者 등으로 분화
되었다. 7세기에 태대사자는 정3품에 해당하는 관등이었다.

한편 종2품에 해당하는 울절鬱折은 '도부圖簿'를 주관했다. 여기에
서 도부는 각종 문서와 호적 등의 재정 관련 문서를 아울러 가리키는
데, 그렇다면 울절은 고구려 전체의 재정 운영도 담당하던 관등이었
을 것이다. 울절은 3세기에 이미 존재하던 주부主簿와 같은 관등이었
다. 주부는 대외 군사 업무와 외교 문서 수취 등을 맡아 왕의 측근으
로 활동했다. 결국 고구려에서는 사자 계통의 관등을 가진 이들이 수
취 업무를 담당했고, 그 위 등급인 울절이 재정 관련 문서를 주관하면
서 재정을 총괄했다고 추측할 수 있다.

백제

백제에서는 6좌평 중 내두좌평內頭佐平이 국가 창고와 재정 관계 업
무를 담당했다. 《삼국사기》에 따르면 1품 관등인 6좌평은 260년(고이
왕 27)에 설치되었다고 하나, 사비 도읍기인 6~7세기에 완비되었다고
보는 것이 일반적이다.

《주서周書》, 《북사北史》에 따르면 6~7세기 초 백제에는 22부사의 중
앙 관서가 있어서 국가의 업무를 나누어 담당하고 있었다. 22부사는 내
관 12부와 외관 10부로 이루어져 있는데, 내관은 궁중과 왕실의 사무
를 담당하는 관청이며, 외관은 일반 국가 업무를 담당하는 관청이었다.

22부사가 담당한 업무가 무엇인지는 기록되지 않아서 분명히 알 수
없지만, 각 관청의 명칭을 통해 대강의 윤곽을 추측할 수 있다. 22부사
가운데 재정 및 수취와 관련된 관사는 내관의 곡부·육부·내경부·외

● 사비 도읍기 백제 중앙 관제

내관內官		외관外官	
관부명	업무	관부명	업무
전내부前內部	왕명 출납	사군부司軍部	병마 군사
곡부穀部	곡물 공선	사도부司徒部	교육, 의례
육부肉部	육류 조달	사공부司空部	토목 건축, 역역 수취
내경부內椋部	내창 관리	사구부司寇部	형벌, 사법
외경부外椋部	외창 관리	점구부點口部	호구 조사 및 관리
마부馬部	말 관리	객부客部	외교 관련
도부刀部	무기 관리	외사부外舍部	관료 인사
공덕부功德部	사찰 관리	주부綢部	직물 제조, 수공업
약부藥部	의약 관리	일관부日官部	천문, 점술
목부木部	목공 건조	도시부都市部	시장, 교역, 왕도 관리
법부法部	의례		
후궁부後官部	후궁		

*사서에 따라 각 부서의 명칭은 조금씩 다르다. 예를 들어 내경부의 경우 《주서》 백제국조에 '내략內椋',
《한원翰苑》 백제조에는 '내량內椋', 《삼국사기》〈직관지〉에는 '내경內椋'으로 기록되어 있다.

'椋司(경사)' 글씨가 있는 벼루   안압지에서 발굴된 벼루로, 벼루의 다리 바깥 면에 '椋司'라는 글씨가 먹으로 쓰여 있다.
'椋司'는 동궁 소속 관사 가운데 창고 업무를 맡은 곳의 관부명으로 추정된다. 경사는 《삼국사기》 직관지에는 보이지 않는
관부이다.

경부, 외관의 사공부·점구부·주부다. 곡부·육부는 곡물과 육류를 각각 조달하는 업무를 담당했는데, 단순한 조달 업무에만 한정되지 않고 각각 왕실 어료지御料地(왕실 재정의 토대가 되는 땅)의 경작과 관리, 식용을 위한 왕실 목장의 관리 기능도 함께 가졌을 가능성이 있다.

내경부와 외경부의 '경庾'은 창고를 가리킨다. 따라서 각각 내창과 외창을 관리한다고 보아 내경부는 왕실 재정과 관련된 창고의 업무를 담당하고, 외경부는 국가 재정에 쓰이는 창고의 업무를 맡았다고 보기도 한다. 하지만 내경부와 외경부 모두 왕실 사무를 담당하는 내관에 속해 있었기 때문에 둘 다 왕궁 내의 창고 업무를 담당했고, 창고의 위치가 각각 궁궐 안과 밖이었기 때문에 구분되었다고 보기도 한다. 《한원翰苑》에 따르면 내경부·외경부는 얼마 뒤 경부로 통합되었다.

외관의 점구부는 호구를 파악하는 업무를 담당했다. 자연히 노동력을 징발하는 업무도 함께 맡았을 것이다. 토목 공사를 담당한 사공부에서도 노동력이 필요했을 것이므로, 요역 징발은 사공부에서 담당했을 것이다. 주부는 직물의 제조·공급이나 직물수공업자와 관련된 업무 또는 공물의 출납을 담당했을 것이다. 이들 재정 기구의 책임자는 장사長史·장리長吏 또는 장장將長·재장관宰長官으로 불렸는데, 임기는 3년이었다.

내두좌평과 내관·외관의 재정 관련 관사 사이에 어떠한 관계가 있었는지는 잘 알 수가 없다. 내두좌평이 내관의 내량부를 관할하는 장관이었다고 보기도 하지만 분명하지 않다.

백제의 재정 기구가 기능별로 다양하게 나뉘어 있었다는 것은 국가의 규모가 확대되고 발전됨에 따라 재정 업무가 다양하게 분화되었음을 의미한다. 또 내관의 재정 관서가 외관의 재정 관서보다 많다는 점은 왕실 재정이 국가 재정보다 그만큼 더 중요하게 취급되었음을 반영한다. 그런데 22부사 중에서 토지 생산물에 대한 수취, 즉 조租의 수취를 담당하는 관사가 보이지 않는다. 곡부가 이를 담당했다고 보기도 하고 점구부에서 토지 관련 업무를 담당했다고 보기도 하는데, 확실하지 않다.

신라

신라에서는 품주稟主가 재정 업무를 담당했다. '품'은 창고라는 뜻으로, 창고의 출납과 보관을 담당하는 품주가 재정 전반을 관할했다. 품주는 조주祖主라고도 하는데, 이를 '조주租主'와 같은 뜻이라고 보기도 한다. 그렇다면 조세의 수취와 분배 등 재정 업무를 담당했다는 것을 그 이름으로부터 알 수 있는 셈이다. 반면 '조祖'는 조상에게 제사를 지내는 사당이라는 뜻을 가지고 있으므로 본래 신궁이나 국가 차원의 제사를 관장하는 관리였다가 국가의 재정 업무를 총괄하게 되었다고 보는 견해도 있다. 또 251년(첨해 이사금 5)에 글씨와 셈을 잘하는 부도夫道라는 사람에게 물장고物藏庫(나라에 필요한 물품을 보관한 창고) 사무를 맡겼다는 《삼국사기》의 기록을 근거로, 이 물장고로부터 품주가 기원했다고 보기도 한다.

품주가 언제 설치되었는지는 분명하지 않다. 565년(진흥왕 26)에 품주의 장관으로 전대등 두 사람을 두었다고 하는데, 이때 품주가 설치되었다고 보기도 하고 5세기 무렵부터 존재하다가 565년에 관청 조직으로 확대, 개편되었다고 이해하기도 한다. 진흥왕眞興王 때 설치된 품주는 왕실과 국가의 재정 전반을 담당했고, 자연히 국왕과 밀접한 관계가 되었다.

신라의 영토가 팽창하고 국가 체제가 확대, 정비됨에 따라 품주의 업무도 늘어나게 되었다. 그 결과 584년(진평왕 6)에 조부調府를 설치해 공부貢賦를 관장하게 함으로써, 품주의 업무를 나누어 맡게 되었다. 이어 585년에는 국왕이 사는 대궁大宮을 비롯해 양궁梁宮과 사량궁沙梁宮에 각각 사신仕臣을 한 사람씩 두어 각 궁궐의 재정을 담당하게 했다. 그렇지만 재정 업무는 계속 늘어갔고, 이에 따라 589년에 보좌관인 대사大舍 두 사람을 두었다. 이 과정에서 품주는 재정 업무는 물론이고 왕정의 기밀 사무를 관장하는 최고 관청으로 발전해 갔다.

622년(진평왕 44)에는 이찬 김용수金龍樹를 내성 사신으로 삼아, 대궁·양궁·사량궁의 일을 모두 관장하게 했다. 이로써 국가 재정과 왕실 재정이 분리되어 국가 재정은 품주가 맡고, 왕실 재정은 내성이 관할하게 되었던 듯하다. 품주는 651년(선덕왕 5) 왕정의 기밀 사무를 관장하는 최고 행정 기관인 집사부執事部로 바뀌었다. 동시에 창부倉部가 품주에서 분리, 설치되어 국가 재정 업무를 담당하게 되었다. 창부는 그 명칭에서부터 알 수 있듯이 창고 업무를 비롯해, 조세 출납 등의 업무를 담당했다. 이로써 왕실 재정은 내성이 맡고, 국가 재정은 조부와 창부가 분담하게 되었다.

조부와 창부의 업무가 어떻게 나뉘어져 있었는지는 분명하지 않다. 처음 조부가 설치될 때 조부는 재정 수입 부문을, 품주는 재정 지출 업무를 각각 나누어 맡았다고 보기도 하고, 조부는 조調, 즉 호조戶調와 공물의 수입과 지출을 담당하고, 창부는 조·쌀·콩 등 곡물의 수입과 지출을 담당했다고 보기도 한다.

품주에서 집사부로 바뀐 이후 재정 업무에서 일단 손을 뗐다는 견해도 있지만, 집사부는 중앙 행정관부들을 지휘 감독하는 최고 관부였기 때문에 조부와 창부를 통제하면서 재정 운영 전반을 총괄했다고 보기도 한다. 한편 내성 안에는 조전租典, 늠전廩典, 물장전 등 재정 관련 부서가 소속되어 있다. 조전은 궁궐 안의 창고를 관장했던 것으로 추측되고, 늠전은 왕실 소속 관리들의 녹봉을 보관·지급하는 업무를 맡았던 듯하며, 물장전은 왕실에서 사용하는 물자를 보관하는 창고를 관리했던 것으로 보인다.

창부에 소속된 관부로는 상사서賞賜署가 있다. 상사서는 624년에 설치된 듯한데, 공훈 관련 업무를 담당했다. 상사서가 창부 소속이라는 것은 상으로 지급되는 물품이 곡식과 같은 것이었음을 말해준다.

그 외에 677년에 좌사록관이, 681년에 우사록관이 설치되어 관리들의 녹읍과 녹봉을 관장했다. 좌사록관과 우사록관이 어떻게 업무를 분담했는지는 알 수 없다. 다만 문무왕대(661~681)에 좌·우사록관이 설치되었다는 것은 전쟁이 끝난 뒤 행정 조직이 확대됨에 따라 관원들의 숫자가 증가하면서 이들에 대한 녹읍 또는 녹봉의 지급 업무가 늘어나자 이를 전담할 부서가 필요했음을 보여 준다. 창부와 조부 등 재정 관련 부서의 관원들은 후대로 갈수록 점차 증가하는 경향을 보인다. 이것은 신라의 재정이 계속 확대되어 갔음을 말해 준다.

발해
발해의 중앙 정치 조직은 3성 6부제를 기본으로 구성되어 있다. 3

성의 하나인 정당성政堂省 아래에 6부가 소속되어 있는데, 그 가운데 당唐의 호부戶部에 해당되는 인부仁部가 발해 재무 행정의 최고기구였던 듯하다. 당 호부의 업무와 비교해 볼 때, 인부 또한 토지·화폐·양식·호구·조세 등을 장악·관리했을 것이다. 인부의 장관으로는 경卿 1인이 있고, 그 아래에 소경小卿 1인을 두었다.

인부 아래에는 정사正司인 인부와 지사支司인 창부倉部가 있다. 명칭으로 보아 창부에서는 조세·공물의 수취와 보관 등의 업무를 담당했던 듯하다. 인부와 창부에는 각각 낭중郎中 1명이 책임을 맡고 있고, 원외랑 약간 명을 두었다.

3성 6부 외에 1대·7시·1원·1감·1국의 행정 조직이 있었는데, 그 가운데 재정 업무와 관련해서 주목되는 관청은 사장시司藏寺와 대농시大農寺이다. 사장시는 당나라의 태부시太府寺에 해당하는데, 국교 또는 외국 무역을 위한 재물의 보관과 무역 업무를 담당했던 듯하다. 사장시에는 장관인 영令 1인과 차관인 승丞 1인을 두었다. 또 대농시는 당나라의 사농시司農寺를 본떠 설치했는데, 관리의 녹봉을 지급하고 전조田租를 운반하며 창고를 관리하는 업무를 담당했다고 추측된다. 대농시에는 장관으로 경 1인이 있고, 그 아래 소경 1인이 있었다.

삼국시대의 토지 제도와 수취 제도

수취제의 기원과 공납제

삼국이 국가로 성립해 가던 초기부터 왕실과 국가의 운영을 위한 재정적 수요가 있었고 조세의 수취 또한 이에 짝해 이루어졌다. 후대의 조租와 조調에 해당하는 현물의 수취와 더불어 전쟁으로 인한 군역 동원, 궁궐 또는 성의 축성 등을 위한 노역 동원 등도 초기부터 존재했다. 《삼국지》〈동이전〉 부여조에 따르면, 부여의 경우 집집마다 자체적으로 갑옷과 무기를 보유했고 적이 침입하면 제가諸加들이 몸소 싸움을 하고 하호下戶는 양식을 보급했다. 군역에 동원된 계층, 즉 전쟁에 참여한 계층은 일정한 신분 이상이었으며, 이들은 각 가加의 지휘 아래 전투를 벌였음을 알 수 있다. 마찬가지로 고구려, 백제, 신라의 초기에는 5부 또는 6부의 장정들을 중심으로 구성된 병사들이 각 부별로 그 부의 세력자인 가나 간干들의 지휘를 받아 전쟁에 참여했을 것이다.

국가 체제의 정비에 따라 각종 공사가 늘어나면서 노역 동원도 확대되었다. 공사 규모와 지역에 따라 대다수 공사는 각 부 단위로 진행되었고, 국가적인 규모의 큰 공사에서는 부별로 할당되어 진행되었을 것이므로 노역 동원도 그러한 형편에 맞추어 이루어졌을 것이다.

현물의 수취는 공납제적인 방식으로 이루어진 듯하다. 국가와 왕실에서는 각종 제사를 지내기 위한 비용, 대외교섭을 수행하는 과정에서 외국에 보내거나 외국사신에게 주는 공물 또는 선물을 위한 물품, 관부의 운영비와 관료들에게 보수로 지급하는 비용, 전쟁 비용 등이 필요했을 것이다.

이 가운데 조세제의 기원과 관련해 주목되는 것이 제사 비용이다. 제사 때 바치는 헌물獻物이나 필요한 각종 물품을 마련하는 과정에서 국가는 현물을 거둬들였다. 하늘이나 조상, 신에 대한 제사는 국가 성립 이전 단계의 혈연 공동체 단계에서부터 존재했다. 제사는 지속적으로 또 매년 되풀이되었기 때문에 제사에 필요한 물품을 마련하기 위해 매년 현물을 거둬들였다. 이러한 제사는 부여의 영고迎鼓, 고구려의 동맹東盟, 동예의 무천舞天, 삼한의 5월제 및 10월제와 같은 국가적인 제사로 발전했고, 그 과정에서 제사 비용과 물품의 수취는 조세 제도의 기원이 되었다. 이것은 고대 일본에서 대인大人 또는 '천황'이 상제귀신上帝鬼神에게 제사를 지낼 때 농부가 그 수확물의 일부를 바친 관례에서 조租가 기원했다는 주장으로부터 추정할 수 있다.

국가가 성립되던 초기에, 하늘에 대한 제사, 즉 제천의례는 일반적으로 농경의례적 성격을 띠었다. 국가 시조는 대개 하늘의 자손으로 인식되었고, 따라서 시조묘 제사는 제천행사이면서 농경의례로서의 성격을 지니게 되었다. 고구려의 주몽이나 신라의 혁거세에 대한 제사가 바로 그와 같았다. 국왕은 자신이 하늘의 아들 또는 후손이라는 권위와 권한을 통해 제사 비용을 거두었고, 대신에 공납을 바친 이들의 풍요와 안녕을 책임졌다. 공납으로 바친 물품은 제사 비용으로 쓰였고, 남는 것은 창고에 저장되어 농사를 위한 종자나 재난 때 구황으로 쓰였다.

《삼국지》의 기록에 따르면 옛 부여에는 가뭄이나 장마가 계속되어 오곡이 영글지 않게 되었을 때 그 허물을 왕에게 돌려 왕을 바꾸거나 죽이는 풍속이 있었다. 부여에서는 국왕이 부여인의 풍요와 안녕을 책임지지 못하게 되면 그에 대한 책임을 물었음을 알 수 있다. 반대로 풍년이 드는 경우에 부여인들은 왕에게 계속 공납을 바쳤다.

수취 대상이 된 현물은 후대와 마찬가지로 곡식이나 포 또는 각 지역의 특산물이었을 것이며, 이에 대한 징수는 각 부 단위로 부담이 지워졌을 것이다. 주변 복속 세력에 대한 수취는 아마도 종래의 지배자를 대표로 삼아 집단의 생산력과 인구수를 감안해 이루어졌을 것이다. 예를 들어 고구려가 동옥저를 복속한 뒤 동옥저의 대인을 사자로 삼아 통치하게 하면서 대가로 하여금 조세를 통괄해 수납하게 했다는 것에서, 기존 지배 세력을 통해 수취를 행했음을 알 수 있다.

고구려

전근대의 수취 제도는 토지세에 해당하는 조租, 가내 수공업이나 지역 특산물을 내는 공물세인 조調, 노동력을 징발하는 역역力役으로 이루어져 있었고 고구려도 마찬가지였다. 그 가운데 조租는 토지에서 생산되는 농산물에 대한 세금으로 토지 제도와 밀접하게 관련되어 있다. 따라서 토지 제도가 안정적으로 운영되어야 조 역시 안정적으로 수취할 수 있다.

《삼국사기》에 따르면, 18년(유리왕 37)에 물에 빠져 죽은 왕자의 시신을 찾은 제수라는 사람에게 금 10근과 밭 10경을 내려 주었다. 너무 이른 시기의 기록이기에 그 사실성에 의문을 가질 수도 있지만, 그대로 받아들여도 좋을 듯하다. 제수에게 토지의 소유권을 내려 준 것인지 점유권이나 경작권을 내려 준 것인지는 분명하지 않지만, 이러한 기록을 통해 고구려 초기부터 토지 제도가 운영되었음을 알 수 있다.

190년(고국천왕 12)에는 왕후의 친척들이 다른 사람의 자녀와 토지[田]와 집을 빼앗아 처벌을 받았다. 이보다 약 170여 년 전인 22년(대무신왕 5)에 비류부장 세 사람이 다른 사람의 처와 첩, 말·소와 재물을 빼앗아 벌을 받았다는 기록과 비교하면, 토지가 새로운 재산의 하나가 되었음을 알 수 있다. 그 사이에 토지의 중요성이 커지고 토지를 소유하고 있는 사람들이 늘어난 것이다.

왕족이나 귀족은 여러 가지 방법으로 토지를 늘려 나갔다. 국가로부터 받은 식읍도 대토지 소유를 가능하게 했다. 고구려는 기원전 9년(유리왕 11)에 이미 식읍을 지급하려 했었고, 166년(신대왕 2)과 172년, 246년(동천왕 20), 293년(봉상왕 2)에 전쟁에서 공을 세운 이들에게 식읍을 내려 주었다. 이때 일정한 지역 단위로 식읍이 지급되었는데, 식읍을 받은 사람은 그 지역에서 조세뿐만 아니라 특산물 같은 공물이나 노동력을 징발할 수 있었던 듯하다. 한편 식읍을 지급한 사실은 있었지만, 귀족 관료나 일반 민들에게 국가적으로 토지를 지급했다는 기록은 보이지 않는다.

《삼국사기》〈열전〉온달조에 따르면, 평강공주가 궁궐에서 가지고 나온 금팔찌를 팔아 토지와 집 등을 샀다고 한다. 이로써 적어도 6세기 후반에는 일반 민들 사이에서 토지 매매가 이루어졌음을 알 수 있다.

일반 민들은 토지를 소유·경작하면서 국가에 조세를 바쳤다. 고구려의 조세에 대해서는 《주서》와 《수서隋書》의 〈열전〉 고구려조에 대강의 내용이 기록되어 있다. 이는 주(557~581)와 수(581~618) 시기의 기록이므로, 6세기 중반에서 7세기 초에 해당한다. 《주서》〈이역열전상〉 고구려조에는 "부세賦稅는 명주[絹]·베[布] 및 조[粟]로 내는데, 그 가진 바에 따르며[隨其所有], 빈부를 헤아려 차등 있게 거두어들였다"고 기록되어 있다. 《수서》〈동이열전〉 고구려조에는 "인人은 베 5필과 곡식 5석을 세稅로 낸다. 유인遊人은 3년에 한번 세를 내는데, 열 사람이 함께 세포細布 1필을 낸다. 조租는 호마다 1석을 내고, 다음 등급 호는 7두, 하등호는 5두를 낸다"고 나와 있다.

《주서》의 "그 가진 바에 따라 냈다"는 기록에 대해서는 두 가지 해석이 있다. 일반적으로는 가지고 있는 물품의 종류에 따라 냈다고 보아 명주를 가지고 있으면 명주로 내고 베를 가지고 있으면 베로 냈다고 이해하지만, '그 가진 재산(의 양)에 따라' 냈다고 해석하기도 한다.

《수서》에 따르면, 고구려에서는 납세자를 인과 유인으로 구분해 조세를 수취했고, 호의 경우에는 3등급으로 나누었다. 그런데 기록에 등장하는 인이 낸 세의 내용, 유인의 성격, 조租를 누가 냈는지 등을 둘러싸고 다양한 주장이 제기되었다. 먼저 '한 사람이 베 5필과 곡식 5석을 세로 냈다'는 기록에 대해서는, 그렇게 되면 한 사람이 너무 많은 부담을 짊어진다는 점에서 '베 5필 또는 곡식 5석'을 냈다고 이해하기도 한다.

'베 5필과 곡식 5석'으로 해석하는 경우에도 구체적인 내용에는 조금씩 차이가 있다. 정남丁男은 곡식 5석을 내고 정녀丁女는 베 5필을 냈다고 보기도 하고, 정남 한 사람이 베와 곡식을 모두 냈다고 해석해 인두세人頭稅(모든 납세자에게 한결같이 매기는 세금)를 시행했다고 이해

안악 3호분 벽화의 방앗간
황해도 안악군 용순면에 있는
고구려 벽화 고분으로 357년
(고국원왕 27)에 건립되었다. 동
쪽 측실의 서벽에 방앗간이
그려져 있다. 올림머리를 한
두 여인이 디딜방아로 곡식을
찧는데, 한 사람은 방아다리
를 밟아 공이를 올리고 다른
사람은 둥근 구멍에 곡식을
넣고 있다. 수확한 곡물을 찧
는 디딜방아가 고구려에서 널
리 사용되었음을 보여 준다.

다락 창고(집토기)　　김해 봉황동에서 출토된 집토기이다. 집토기는 흙을 집이나 창고 형태로 빚어 만들어 구운 신라나 가야의 토기이다. 대개 고분에 함께 묻혀 있거나 장례 의식에 사용되었다. 곡식이 담긴 창고를 함께 묻어 죽은 사람에게 저세상에서의 풍요를 빌어 준 것이다.

하거나, 또는 정남으로 구성된 가호를 단위로 베와 곡식을 부과했다고 보기도 한다.

한편 유인은 인과 구별되는 집단으로, 인에 비해 매우 적은 양의 부담을 졌다는 점에서 경제적으로 열악했거나 조세 수취를 하기 어려운 여건에 있던 존재다. 유인이 '놀고먹는 사람'이라는 뜻이므로 생산 활동에 참여하지 않는 빈궁한 사람, 즉 빈민이나 부랑민이라는 견해가 있고, 유목이나 반농반목의 생활을 하면서 고구려에 부용되어 있는 말갈·거란 등의 주민을 가리킨다는 주장도 있으며, 농업에 종사하지 않는 가호를 일반적으로 가리킨다는 해석도 있다. 그 밖에 음악 하는 사람, 놀이하는 사람, 유녀遊女라는 견해도 있지만, 이들의 수가 따로 과세할 정도로 많았을까 하는 의문이 든다.

또 3등급으로 나뉘어 호별로 부과된 조租에 대해서는, 인세人稅에 덧붙여 후대에 와서 추가된 부가세로 파악하는 견해도 있고, 인이 부담하는 것이 아니라 유인이 내는 것으로 보기도 한다. 유인이 내는 것이라고 보면서, 조租는 조세의 하나를 가리키는 것이 아니라 조세로 내는 현물인 벼를 가리킨다고 보는 견해도 있다. 그런데 유인의 실체가 무엇이든 인에 비해 경제적으로 매우 적은 부담을 지는 존재인데, 다시 3등급으로 구분할 만큼 유인의 재산 상태가 차등이 있을 수 있는지에 대해서는 의문이 든다.

결국 고구려에서는 인이 곡식으로 내는 조租와 명주·베 등으로 내는 조調가 있었고, 유인은 따로 3년에 한 번 열 명이 함께 베를 내는 조調로 냈다고 할 수 있다. 3등호로 구분되어 차등 있게 징수된 조租는 인 또는 유인에게 부가된 호조戶租거나, 유인이 부담하는 벼였다.

역역은 국가의 필요에 따라 노동력을 징발하는 것으로 요역과 군역으로 나뉜다. 요역은 각종 공사에 노동력을 제공하는 것이다. 《삼국사기》〈고구려본기〉에는 300년(봉상왕 9)에 "나라 안의 남녀 15세 이상인 자들을 징발해 궁실을 수리했다"고 나와 있으므로, 고구려에서는 15세 이상의 남자와 여자가 모두 징발되었던 것처럼 보인다. 하지만 삼국시대를 통틀어 남녀를 모두 징발했다는 기록은 이것 하나밖에 없고, 같은 내용을 전하는 〈열전〉 창조리조에는 '정남丁男'을 징발했다고 기록되어 있다. 이때 남녀를 모두 징발했다고 하더라도 일반적으로는 남자 15세 이상이 요역의 대상이었다. 고구려 말에 천리장성을 쌓을 때 "남자는 역役에 나가고 여자가 농사를 지었다"는 것으로 보아, 요역의 대상은 주로 남자였다. 또 15세 이상을 징발했다는 점으로 보아 정남은 대체로 15세 이상에서 60세까지의 남자를 가리키는 듯하다.

요역 동원은 대체로 농한기에 많이 이루어졌다. 처음에는 기간도 정해지지 않은 채 일이 마무리될 때까지 동원되었지만, 국가 체제가 정비되고 율령이 반포됨에 따라 필요한 노동량을 예측해 정해진 지역에서, 정해진 수의 정남들을 동원했다. 1년 동안 징발되는 부역 일수도 차츰 줄어들었다.

중국의 여러 왕조는 물론이고 백제·신라와 끊임없는 전쟁을 벌인 고구려에서 요역 못지않게 부담이 되는 것이 군역이었다. 신라의 예로 보아 고구려의 군역은 3년이었을 가능성이 있지만, 계속된 전쟁으로 그 이상으로 늘어나기도 했을 것이다.

안악 3호분 대행렬도   대행렬도는 안악 3호분의 널방 동쪽 회랑의 동벽에서 북벽을 향해 전체 길이 10.13미터, 높이 2.01미터의 회랑을 따라 그려져 있다. 소가 끄는 수레를 탄 무덤 주인을 가운데 두고, 기수旗手, 시녀, 기악대, 기마대가 무덤 주인 수레의 앞과 뒤를 이루고, 궁전수弓箭手, 부월수斧鉞手, 환도수環刀手 등이 주인 수레의 좌우를 감싼다. 다시 이들 무리 전체를 도보창대徒步槍隊와 기마창대騎馬槍隊가 호위하고 있다. 군역에 동원된 고구려 병사의 모습을 실감나게 잘 보여 주고 있다.

백제

　백제의 수취 제도는 고구려와 마찬가지로 조租, 조調, 역으로 구성되었다. 조租의 수취는 토지 제도와 밀접한 관계를 가지고 있지만 백제의 토지 제도에 대해서는 사료의 부족으로 명확하게 알 수는 없다. 다만 《삼국사기》〈백제본기〉에 33년(다루왕 6) 남쪽 주와 군에 도전稻田, 즉 논을 만들게 했다거나 242년(고이왕 9)에도 남쪽 진펄[南圫]에 논을 개간하도록 국인에게 명을 내렸다는 기록이 있는 것으로 보아 백제가 일찍부터 논농사에 국가적 관심을 기울였으며 그 과정에서 토지 제도 또한 자연스럽게 정비되었을 것으로 추정된다.

　이러한 토지 제도를 바탕으로 문주왕文周王 때 천도한 웅진에서는 왕족과 귀족들을 비롯해 이주한 일반 민들까지 토지를 개간했다. 특히 왕족과 귀족들은 개간뿐만 아니라 매입 등을 통해 토지를 늘려 나갔다. 이에 따라 백제의 왕과 귀족들은 대토지를 소유했으며, 사원에는 사원전이 마련되었고, 일반 농민들 또한 자신이 경작하는 토지를 소유했다. 무령왕릉에서 출토된 매지권買地卷에는 무령왕이 전錢 1만 문으로 토왕土王에게 토지를 매입해 능묘 터를 마련했다는 기록이 나온다. 매지권 마지막에 기록된 "율령에 구애받지 않는다[不從律令]"는 문구를 현실 세계의 율령을 따르지 않고 능묘를 만들 토지를 매입했다고 보아, 무령왕 재위 당시 토지 매매를 금지하는 조치가 있었다고 해석하기도 한다.

　백제에서 국가가 귀족 또는 일반 민에게 토지를 지급했다는 내용이 자세히 담긴 기록은 특별히 보이지 않는다. 다만 백제 말기 무장인 흑치상지의 조상이 흑치 지역에 봉해졌다거나 계백階伯의 조상이 계백

475(개로왕 21)
위례성 함락.

523(무령왕 23)
무령왕 사망.

538(성왕 16)
사비로 천도 후 국호를 '남부여'로
고침.

무령왕릉 매지권　무령왕릉에서 발견된 무령왕비 지석 뒷면에 쓰인 매지권買地券은 도교적 매장 풍습이 반영된 것으로, 지하 세계의 문지기인 토백土伯에게 무덤 터를 사고 죽은 자를 지옥에서 벗어나게 한다는 의미이다. 묘지를 만들 때 화폐 등을 함께 넣어 지신에게 묘소에 쓸 땅을 매입하는 형식을 밟아 증서에 해당하는 문서 내용을 돌에 새겨 함께 넣는다. 무령왕릉 매지권에는 525년 8월 12일 무덤 터를 살 동전 1만 문文을 지불하고 남서 방향의 토지를 사들여 능묘를 만들었다고 기록되어 있다.

현 지역과 관련되어 있다는 점 등에서 볼 때 이 지역이 식읍으로 하사
됐을 것이다. 657년 의자왕이 서자 41명을 좌평으로 삼고 식읍을 내
려 주었다고 했으므로, 백제에서 고구려, 신라와 마찬가지로 식읍제
가 존재했음을 알 수 있다.

　백제에서도 토지로부터 징수하는 조租와 공물인 조調가 있다. 《주
서》〈열전〉 백제조에는 "세금은 베·견사絹絲·삼베 및 쌀 등으로 내되
그 해의 풍흉을 헤아려 차등 있게 거두어들였다"고 했다. 백제에서는
조租로 쌀을 거두었고, 조調로 베·견사·삼베 등을 거두었다. 초기의
곡물로 보리·콩 등의 밭작물이 많이 언급된 것으로 보아 처음에는 보

리·콩·조 등으로 조租를 거두다가 논농사가 확대되면서 점차 쌀로 수취하다가 6세기 무렵에는 쌀이 조租의 중심 수취곡물이 되었음을 알 수 있다.

《구당서舊唐書》〈열전〉 백제조에 "무릇 여러 부세賦稅와 풍토의 산물은 대개 고구려와 같다"고 했으므로 백제의 조租·조調의 수취는 고구려와 같았음을 알 수 있다. 다만 고구려에서는 빈부에 따라 차등을 두어 거두어들인 반면 백제에서는 그 해 농사의 풍흉에 따라 차등 있게 수취한 점이 다르고, 조租로 거둔 작물이 고구려에서는 조[粟]이지만 백제에서는 쌀이라는 점이 다르다. 조와 쌀의 차이는, 고구려는 밭작물이 중심이었고 백제에서는 논농사가 중심이 되었기 때문에 생긴 것이다. 또 백제에서는 고구려의 유인과 같이 인과 구별되는 집단이 따로 존재하지는 않았다.

《일본서기日本書紀》인덕천왕 41년조에서는 백제에서 "처음으로 나라의 강역을 나누고 그 땅에서 나는 산물을 모두 기록했다"고 나온다. 이 기록을 담로제의 실시와 관련지어 해석하기도 하는데, 지방 제도를 정비하면서 각 지역의 특산물을 파악해 지방관을 통해 해당 지역으로부터 공물을 수취했던 것이다. 사비 시기에 이르러 지방 제도가 재정비되면서 조租·조調를 부과하고 수취, 운송, 보관하는 과정은 군−성−촌의 단계를 거쳐 이루어졌을 것으로 추측된다. 수취의 대상과 양이 군−성−촌별로 내려가면서 단계적으로 할당되고, 마지막에는 아마도 개별 가호家戶에게서 거두었을 것이다.

한편, 백제에서는 국가 재정을 확충하는 방법으로 식리殖利(이자 놀이)를 활용했다. 충청남도 부여에서 발견된 〈좌관대식기佐官貸食記 목

좌관대식기佐官貸食記 목간　충청남도 부여군 부여읍 쌍북리에서 발견된 백제의 목간이다. 618년으로 추정되는 무인년戊寅年에 대식貸食해 식리殖利(이자 놀이)했음을 알려 준다. 대식제란 봄에 곡식을 빌려주고 추수 후에 50퍼센트 또는 30퍼센트의 이자를 붙여 돌려받는 제도로서, 국가 재정의 확충 방법으로 이용되었다.

궁남지 1호 목간
충청남도 부여군 부여읍 동남리에 있는 궁남지에서 출토된 목간이다. 중구中口 4인, 소구小口 2인 등 귀인歸人(귀화인) 6인에게 매라성 법리원의 수전水田(논) 5형形을 지급하는 내용이 기록되어 있다. 형은 당시 백제에서 논의 면적을 나타낼 때 사용된 단위인데, 구체적인 크기는 알 수 없다.

간〉에는, 618년으로 추정되는 무인년戊寅年에 대식貸食하여 받은 원금과 이자, 미납 수량 등이 기재되어 있다. 대식제란 봄에 곡식을 빌려 주고 추수 후에 원금과 이자를 함께 받는 것인데, 백제에서는 당시 원금과 함께 50퍼센트 또는 30퍼센트의 이자를 붙여 돌려받았다.

백제의 역역도 요역과 군역으로 나눌 수 있다. 《삼국사기》 〈백제본기〉에서 노동력이 동원된 사례는 모두 69건인데, 온조왕대(기원전 18~28) 15건, 동성왕대(479~501) 10건, 개로왕대(455~475) 7건, 무령왕대(501~523)와 무왕대(600~641) 5건 등이다. 왕권을 강화하기 위한 시책과 요역 동원이 밀접한 관련이 있음을 보여 준다. 요역은 성책이나 성곽을 쌓는 일에 가장 많이 동원되었고, 궁실 건축이나 도시 관련 시설 및 제방의 축조와 정비 등에 동원되었다.

백제의 요역 대상은 고구려와 마찬가지로 15세 이상이었다. 아마도 15세 이상이 정남이었던 듯하다. 부여의 궁남지에서 발견된 목간은 귀인歸人 6인이 매라성 법리원의 논 5형形을 경작하거나 개간하기 위해 이동하고 있음을 보여 주고 있어, 역역 동원과 관련된 목간으로 이해되고 있다. 귀인은 다른 지역에서 새로 백제에 편입된 사람을 가리키는 듯한데, 중구中口와 소구小口로 연령이 구분되어 있다. 중국 남북조시대 때 북조에서는 황黃(3세 이하), 소小(16세 이하), 중中(20세 이하), 정丁(21세 이상), 노老(60세 이상)의 6등급으로 구분하고 있는데, 백제에서도 이러한 6호등제를 실시한 것으로 추측된다.

백제의 호등제는 사비 시기 이전에 이미 실시되었던 듯하다. 개로왕 때의 인물로 이해되는 도미 부부는 편호소민編戶小民, 즉 호적에 편제된 소민이었다. 또 《일본서기》 계체천왕 3년(509)조에는 가야 지역에 있는 "백제의 백성 가운데 도망해 와서 호적[貫]이 끊어진 지 3~4대 되는 자를 모두 찾아서 백제로 옮겨 호적에 올리게 했다"고 기록되어 있다. 백제 무령왕 9년(509)의 기록이니 백제에는 무령왕 이전에 이미 호적이 만들어졌음을 알 수 있다.

요역의 징발 방식과 기간 등은 고구려와 마찬가지로 점차 체제가 정비됨에 따라 일정한 기준과 원칙, 예상 요역 일수 등에 따라 이루어졌고, 또 지방 행정 단위별로 부과되었을 것이다. 군역의 징발 또한 마찬가지였을 것으로 추측된다. 백제의 요역과 군역 징발은 철저하게 이루어져 부담이 심했던 듯하다. 생계에 지장을 줄 정도로 빈번하고 장기적으로 동원되기도 해서 대상자들은 이를 피해 국경을 넘어 도망가기도 했다. 특히 삼국 간의 전쟁이 빈발하고 심해지면서 그에 대한 부담은 더욱 커졌던 듯하다.

신라

신라의 토지 제도는 대략 6세기 이후가 되어서야 국가적 차원에서 정비가 된 듯하다. 신라에는 왕실과 국가 소유의 토지와 일반 농민 및 귀족들이 소유하고 있는 사유지가 있었다. 초기에는 왕실 소유지와 국가 소유지가 엄격하게 구분되어 있지 않지만, 점차 구분, 정비되어 갔다. 왕실 직속의 토지는 내성에서 관리했다. 662년(문무왕 2)에 김유신과 김인문에게 본피궁의 재화·노복奴僕과 함께 전장田莊을 나누어 주었는데, 본피궁은 내성이 관리했을 것이므로 이 전장은 왕실 직할지라고 할 수 있다.

또 669년에 신라 국가가 왕실과 국가 기관, 귀족 등에게 나눠 준 말

목장 174곳 중에서 왕실은 22곳을 받았는데, 이 또한 왕실 직할 토지라고 할 수 있다. 이 가운데는 옛 백제 지역에 있던 목장들, 즉 신라가 점령하면서 가져간 목장들이 많았다. 이와 마찬가지로 이전에도 신라가 영토를 확장하는 과정에서 많은 토지를 왕실이 소유하게 되었을 것이다.

국가가 소유하고 있던 토지도 비슷한 과정을 통해 형성되었을 것이다. 562년(진흥왕 23) 대가야를 멸망시키는 데 공을 세운 사다함에게 진흥왕이 양전을 내려 주려 했다. 이때 좋은 토지[양전良田]라고 한 것으로 보아 이미 경작하고 있던 땅이라는 것을 알 수 있는데, 왕이 하사할 수 있었다는 점에서 국가 소유지였을 것이다. 662년에 김유신에게 하사한 전田 500결도 양전이 된 토지였다는 점에서 이미 경작하고 있던 국유지였을 것이다.

6세기의 금석문인 〈단양신라적성비丹陽新羅赤城碑〉에는 '전사법佃舍法'이 보이는데, 6세기 중엽 신라 변경 지대의 군대 주둔지에서 설치한 둔전을 경영하는 것과 관련된 법 조항으로 이해할 수 있다. 이들이 경작하는 토지 또한 국가 소유지였을 것이다.

한편 사유지로는 일반 농민들이 대대로 경작해 온 토지가 있었을 것인데 〈신라촌락문서〉에 나오는 연수유전답烟受有田畓이 이에 해당된다. 귀족들도 사유지가 있었는데, 하사 등의 방법으로 전장田莊이라 불리는 대규모 토지를 확보하고 있었다. 이들 사유지는 국가의 수취 대상으로 국가에 조租를 납부해야 하는 토지였다.

그 밖에 촌락 공유지로 마麻를 심는 밭이 있었다. 〈신라촌락문서〉를 보면 각 촌마다 비슷한 규모의 마전이 확인되는데 이러한 형태의 마전은 삼국시대부터 존재했을 것이다.

이들 토지에서 어떻게 조租가 수취되었는지는 명확하지 않다. 고구려의 부세 제도를 참조해 보면, 인두세로 또는 각 가호별로 쌀 또는 보리·콩·조 등을 수취했을 것이다. 가호를 대상으로 부과했다고 보는 경우, 신라에서도 빈부에 따라 3등호의 구분이 있었을 것으로 유추하기도 한다. 백제와 같이 풍흉에 따라 차등을 두어 수취했는지의 여부는 알 수가 없다. 마찬가지로 공물인 조調의 수취에 대해서도 아직까지 발견된 기록은 없지만, 고구려나 백제의 경우와 유사했을 것으로 짐작된다.

신라의 수취 체계를 살펴볼 수 있는 유물로는 2006~2007년에 걸쳐 함안 성산산성에서 출토된 목간이 있다. 560년 무렵에 작성된 이 목간들을 통해 신라의 중앙 정부가 상주上州의 지방관을 통해 주민들에게 세를 거두거나 또는 노동력을 징발해 부세물을 성산산성으로 옮기도록 명령했음을 알 수 있다. 이러한 부세물의 징수와 역역 징발은 상주 아래의 촌 단위로 이루어졌던 것 같다.

신라의 역역은 백제, 고구려와 마찬가지로 요역과 군역으로 구분할 수 있다. 고구려, 요역 대상도 백제와 마찬가지로 초기에는 나이 15살 이상의 정남을 징발해 공사가 완료될 때까지 요역을 부과했을 것이다. 그러다가 486년(소지왕 8)에 "일선군 땅의 정부丁夫 3천 명을 징발해 삼년산성과 굴산성 두 성을 고쳐 쌓았다"고 하는 기록처럼, 5세기 말이 되면 일정한 행정 구역 단위로, 일정한 수의 장정을 동원해, 3년이라는 일정 기간 공사를 진행하는 것으로 변화했다. 마찬가지로 6세기 무렵에 작성된 〈영천청제비永川菁堤碑〉(병진명丙辰銘)에는 영천의 청

512(지증왕 13)
이사부, 우산국 정벌.

555(진흥왕 16)
진흥왕, 한강 유역을 영토로 편입한 후
〈북한산신라진흥왕순수비〉 건립.

561(진흥왕 22)
진흥왕, 새 영토로 편입된 비화가야의 옛
터 창녕에 〈창녕신라진흥왕척경비〉 건립.

단양신라적성비　　충청북도 단양군에서 발견된 신라 진흥왕대의 비로 국보 제198호다. 진흥왕이 고구려의 성이 있었던 '적성(단양)'을 공
략한 후 이를 기념해 545(진흥왕 6)~550년(진흥왕 11)에 세운 것으로 추정된다. 신개척지 유공자의 공훈을 새기고, 충성을 다하는 자에게 포
상을 약속한 내용의 비문이 새겨져 있다. 6세기 중엽 진흥왕대에 토지와 관련된 법인 전사법田舍法이 있었고, 대인大人·소인小人·소자小子·
소녀小女 등 성별, 연령별로 호구가 파악되었음을 보여 준다.

제를 만들 때 동원된 노동력이 7천 명이고, 〈명활산성비明活山城碑〉에는 공사가 11월 15일에 시작해 12월 20일에 끝나 작업일수가 모두 35일이라고 기록되어 있다.

〈단양신라적성비〉에 표기된 소자小子·소녀小女와 같은 연령 등급은 이미 각 가호마다 남녀별로, 연령별로 호구가 파악되어 있었음을 보여 준다. 조租·조調의 수취는 물론이고 역역의 징발에는 이러한 자료가 토대가 되어 이용되었을 것이다.

요역의 징발은 군郡 단위로 국가가 부과를 하면, 각 군에서 촌별로 할당하거나 하나의 촌에 다시 부과하는 방식으로 이루어졌다. 〈경주남산신성비慶州南山新城碑〉에는 지방관과 각 지역의 재지 지배자, 기술자 집단 등이 확인되며, 지방관이나 재지의 지배자들이 역부役夫를 동원했음을 알 수 있다. 또한 할당된 작업 구역이 정해져 있고, 담당했던 성벽이 3년 안에 무너지면 벌을 받겠다는 내용의 서약도 담겨 있다.

일반 민들은 요역과 함께 군역도 부담했다. 《수서》〈열전〉 신라조에 따르면, "건장한 남자는 모두 뽑아 군대에 편입시켜 봉수·변방 수비·순라로 삼았으며 둔영마다 부오部伍가 조직되어 있었다"라고 한다. 《삼국사기》〈열전〉 설씨녀조에는, 진평왕 때 가실이라는 청년이 설씨녀의 아버지를 대신해 3년간의 군역을 대신 짊어졌다가 6년 만에 돌아왔다는 기록이 있다. 정丁에 해당하는 남자는 3년 동안 군역에 복무했고, 전쟁 등의 비상시에는 그 기간이 연장되었던 것이다. 군역에 복무하는 동안은 요역이나 조세의 부담에서 제외되었던 듯하다.

남북국시대의 토지 제도와
수취 제도

신라의 토지 제도와 조租

신라의 토지에는 사유지로서 일반 농민들이 소유한 연수유전답과 정전丁田이 있었고, 귀족들의 전장, 사찰이 소유한 사원전 등이 있었다. 또 국가가 관료들에게 분급한 녹읍祿邑과 관료전이 있었다.

연수유전답은 '연烟이 받아 가진 전과 답'이라는 뜻으로, 〈신라촌락문서〉에 기록된 전체 토지의 약 96퍼센트를 차지하고 있다. 실제로는 이전부터 각 연호가 경작하고 있던 토지에 대해 국가가 지급한 것 같은 형식을 취함으로써 납세의 의무를 부과하려는 것이었다. 여기서의 연호는 '공연孔烟'을 가리킨다. 〈신라촌락문서〉에는 4개의 촌이 보이는데, 각 촌마다 공연의 호수는 8~15호로 이루어져 있다. 이 공연의 성격에 대해서는 자연적으로 구성된 자연호라는 견해도 있고, 국가에서 수취의 편의를 위해 인위적으로 편제한 편호라는 주장도 있다.

연수유전답의 면적은 신라의 양전제인 결부제로 표기되어 있기 때문에, 결부의 면적 단위로 조租가 수취되었다고 보는 견해가 많다. 아마도 수확량의 10분의 1이 수취되었을 것으로 본다. 반면, 경무 단위로 토지가 양전되어 파악되고 있던 당에서도 호등戶等에 근거해 조가 부과된 점을 참작하면, 양전 그 자체에 근거해 결부 면적을 단위로 조가 수취되었다고 보기는 어렵기 때문에 공연의 호등에 기초해 수취되었다고 보기도 한다.

이 경우 공연을 호등으로 편제한 기준이 무엇인가가 쟁점이 된다. 〈신라촌락문서〉에 따르면 당시 신라에서는 상상연上上烟부터 하하연下下烟까지 9등호로 공연을 편제했다. 이러한 호등의 산정 기준으로는 인정人丁의 숫자, 토지 면적, 토지로부터의 생산물과 인정을 포함한 자산 등이 제기되었다. 이와 같이 마련된 각 공연의 호등을 기초로 촌마다 계연計烟이 설정되었다. '계산된 연'이라는 뜻의 이 계연 수치만큼 해당 촌과 촌 안의 공연이 조租를 부담했다. 물론 계연 수치는 해당 촌의 조調와 역역 징발 기준으로도 이용되었을 것이다.

〈신라촌락문서〉의 사해점촌에는 19결 70부의 촌주위답이 있는데, 이것은 연수유전답 안에 포함되어 있다. 본래 촌주가 소유하고 있던 토지를 위답의 형식으로 받음으로써, 국가에 납부해야 할 조租를 면제받았을 것이다.

한편 《삼국사기》에 의하면 722년(성덕왕 21)에 "처음으로 백성에게 정전丁田을 지급했다"고 나온다. 이 정전을 연수유전답과 같은 토지 지목으로 보는 견해도 있고, 정전의 지급 단위인 정을 정호丁戶로 해석해 공연과 같은 것으로 보는 견해도 있다. 하지만 〈신라촌락문서〉에서 정은 공연의 한 구성 요소에 해당되므로, 공연에게 지급된 연수유전답과 정에게 지급된 정전은 구별해서 보는 것이 나을 듯하다.

정전이 실제로 지급되었는지에 대해서도 의견이 다양하다. 연수유전답과 마찬가지로 종래부터 경작하던 토지를 지급하는 형식을 취한 것이라거나 황무지를 지급해 개간하도록 했다는 견해도 있다. 또 하하연 같은 가난한 공연의 정남에게 주인 없는 땅이나 묵은 밭을 지급해 경작하도록 했다는 주장도 있고, 정전은 정이 정해진 전으로 정을 기준으로 세를 부과한다는 의미라는 해석도 있다. 정을 단위로 지급했다는 의미로 해석하면 조租의 수취도 정을 단위로 이루어졌을 것이다.

왕족이나 귀족들 또한 전장이라고 불리는 광범위한 사유지를 가지고 있었고 사원도 대규모의 사원전을 가지고 있었다. 이러한 전장이나 사원전의 규모는 신라 하대에 더욱 확대되었다. 전장과 사원전의 확대는 개간을 통해 이루어지기도 했지만, 일반 농민들의 연수유전답을 확보하는 방식으로도 이루어졌을 것이다. 이것은 곧 수취원의 감소를 가져왔고, 국가 재정을 어렵게 만들었을 것이다.

한편 귀족 관료들에게는 녹읍과 관료전이 지급되었다. 녹읍은 관직 복무의 대가, 즉 녹祿으로 일정한 지역, 즉 읍邑을 지급하는 제도였다. 698년(신문왕 9) 1월에 "교教를 내려 내·외관의 녹읍을 혁파하고, 매년 차등 있게 조租를 하사하는 것을 항식恒式으로 삼았다"고 했고, 757년(경덕왕 16) 3월에 "내외 여러 관리의 월봉月俸을 없애고 다시 녹읍을 하사했다"고 했으므로, 녹읍은 698년에 폐지되었다가 757년에 부활했음을 알 수 있다. 또 799년(소성왕 원년) 3월에는 "청주 노거현을 학생녹읍으로 삼았다"고 하니, 신라에서는 예비 관료라고 할 수 있는 국학의 학생들에게도 녹읍을 지급했다.

녹읍은 대략 6세기 중반 이후 율령의 반포, 관제 정비와 관련을 맺으며 지급된 듯한데, 특별한 공적이 있는 사람에게 지급하는 식읍에서 연유한 명칭으로 추정된다. 녹읍은 아마도 관직을 전제 조건으로 해서 관등이 고려되어 지급되었을 것이다. 이에 대해 귀족 가문, 좀 더 좁혀서 진골 귀족에게만 지급되었다고 보기도 하고, 가문이나 신분과 관계없이 전 관료를 대상으로 지급되었다고 보기도 한다. 전 관료를 대상으로 했다고 하더라도 관직의 높고 낮음에 따라 지급된 녹읍의 규모는 큰 차이가 있었을 것이다.

녹읍의 지급 단위는 읍 안의 토지였다는 주장도 있지만, 호 단위로 지급되었을 것으로 추정된다. 녹읍에서 무엇을 수취했느냐 하는 것에 대해서는 크게 여러 가지 견해가 있다. 조租만을 수취하는 데 그쳤다는 견해가 있고, 폐지되기 이전의 녹읍에서는 조세는 물론이고 공부와 역역까지 모두 수취했지만 부활한 이후에는 조세의 수취에만 한정되었다는 주장도 있다. 또 관료전이 지급되어 조세를 수취할 수 있는 권한을 부여했기 때문에 공부와 역역만을 수취했다는 견해가 있고, 조세와 공부, 역역 전반을 모두 포함하고 있었다는 견해도 있다.

신문왕神文王 때 녹읍을 혁파하고 매년 일정량의 조租를 국가에서 직접 지급하게 된 배경에는 신라 중대 왕권의 강화와 당나라의 율령 체제 도입이 있었다. 진골 귀족 세력을 약화시키고 왕권을 강화하는 동시에 농민들을 안정시키려는 목적에서 녹읍을 폐지한 것이다. 또 백제·고구려와의 전쟁을 통해 새로이 영토가 확대되어 조의 수취량이 급증하고 재정적인 안정이 이루어졌기 때문에 관료들에게 매년 조를 지급하는 형식이 가능해졌을 것이다.

반대로 경덕왕景德王 때 녹읍이 부활한 것은 왕권이 약해지고 진골 귀족의 세력이 강해졌기 때문이라고 볼 수 있다. 하지만 경덕왕대의 왕권이 약해졌다고 보기 어렵다는 점에서 녹읍이 부활한 이유를 왕권의 약화 때문이라고 하기는 어렵다. 이와 관련해서 경덕왕과 신흥 진골 귀족이 정치적으로 타협했다거나, 국가 행정의 효율성을 위해서 관료가 수취할 수 있는 녹읍을 직접 다시 지급했다는 견해도 있고, 재정상의 어려움을 극복하기 위해 녹읍을 부활했다는 주장도 있으며, 녹봉과 관료전만으로는 관료들에 대한 충분한 경제적 보상이 되지 못하기 때문에 공부·역역의 수취권까지 지급해 관료제를 안정시키려 했다고 보기도 한다.

녹읍과 함께 관료들에게 지급된 토지가 관료전이다. 《삼국사기》에 의하면 687년(신문왕 7)에 "교를 내려 문무 관료에게 토지를 차등 있게 내려 주었다"고 한다. 이 기사를 전쟁 후에 논공행상 차원에서 관료들에게 한 회에 걸쳐 토지를 내려 준 것으로 해석하기도 하지만, 일반적으로는 문무 관료전을 지급하는 제도가 마련된 것으로 이해하고 있다. 관료전의 지급 기준은 당연히 관직이었을 것이다.

〈신라촌락문서〉에서 사해점촌에만 설정되어 있는 내시령답 4결은 일반적으로 내시령이라는 관리의 관직 복무 대가로 지급된 관료전으로 이해한다. 내시령은 일정한 기간을 근무한 뒤 바뀌었기 때문에, 내시령답은 토지 소유권이 아닌 조세 수취권을 지급한 것으로 보인다. 내시령답 4결은 양이 매우 적기 때문에 사해점촌 이외에 다른 촌에도 설정되었을 것이다. 이렇게 관료전이 지급되었지만, 관료들의 경제적인 기반으로는 녹읍이 보다 더 중심적인 역할을 했을 것이다.

관료전으로부터 조租를 수취하는 방식 또한 토지 면적에 따랐다고 보기도 하고, 호등제에 근거했다고 보기도 한다.

한편 이들 토지 이외에 왕실인 내성 소유의 토지와 국가 소유지가 광범위하게 존재했을 것이다. 〈신라촌락문서〉에는 공해전적 성격을 갖는 관모전답이 보인다. 관모전답은 서원경 아래의 촌인 경우 전체 연수유전답의 약 5.5퍼센트 비율로, 나머지 3개 촌은 3퍼센트 비율로 설정되어 있다. 아마도 연수유전답의 면적과 비교해 일정한 비율로 설정한 다음 역역을 동원하거나 전호제적 경영을 통해 운영된 듯하다.

〈신라촌락문서〉에는 마전麻田이 촌마다 1결 정도의 비슷한 면적으로 존재한다. 《삼국사기》 소나素那조에, 675년(문무왕 15) 아달성 태수가 성의 백성들에게 모두 나가서 삼[麻]을 심으라고 지시했다는 기사를 보면, 마전은 공동으로 경작했음을 알 수 있다. 이러한 마전은 아마도 국가 소유지였을 것이다.

조租로 수취한 주요 곡물은 쌀과 조가 중심이 되었다. 백제에서 쌀을 조租로 수취했다는 점을 고려한다면, 옛 백제 지역을 포함해 신라에서도 쌀이 가장 중심적인 수취 곡물이었을 것이다. 일본 쇼소인의 좌파리가반佐波里加盤 부속문서인 〈신라공물문서〉에는 파천촌巴川村에서 쌀과 콩[大豆]을 바쳤다고 나와 있는데 이 중에서 도정한 쌀을 가리키는 듯한 상미上米가 가장 앞에 기록되어 있어 쌀이 가장 중요했음을 알 수 있다. 이 문서의 상미와 콩은 조租가 아니라 왕실로 헌납한 특별 품목이라는 해석도 있지만, 당시 쌀과 콩이 가장 중요한 조租의 곡물이었음은 분명하다.

또 〈창녕신라진흥왕척경비〉, 〈신라촌락문서〉, 〈개선사지석등〉 등에 보이는 논[畓]에서는 당연히 쌀을 거두어들였다. 707년(성덕왕 6)에 흉년이 들어 백성들이 굶주리자 조[粟]를 나누어 주어 진휼했다는 것을 보면, 조를 거두어 창고에 보관하고 있었음을 알 수 있다.

신라의 조
신라의 조調는 호戶, 즉 〈신라촌락문서〉에 보이는 공연孔烟 단위로 부과되었다. 조로 납부한 물품은 명주, 베 등이 중심을 이루었지만, 그 밖에 다양한 품목이 징수 대상이 되었다. 〈신라촌락문서〉에는 뽕나무, 잣나무, 가래나무 등의 그루 수와 3년 사이에 더 심거나 죽은 나무 수의 내역이 자세하게 기록되어 있는데, 이 나무들은 조調의 수취 대상이었을 것이다. 각 촌마다 설정되어 공동으로 경작하던 마전에서 생산된 삼도 또한 조로 수취되었다. 《삼국사기》와 《삼국유사》에는 여러 종류의 비단, 실, 우황, 인삼, 가발, 조하주朝霞紬·어아주魚牙紬 등의 명주, 바다표범 가죽, 금, 은, 개, 소금, 기름 등이 보이는데, 이들 품목은 각 지역의 특산물로서 조의 명목으로 거두어들인 것이다.

호, 즉 공연 단위로 수취한 조의 부과 기준은 확실하지 않다. 공연이 9등호로 편제되어 있었기 때문에, 각 공연의 등급에 따라 9등급으로 나뉘어 차별적으로 징수되었다고 볼 수도 있다. 당시 신라에서는 각 촌에 포함된 공연의 등급을 합해 그 촌의 경제적 능력을 계산해 낸 계연을 토대로 촌마다 조를 할당해서 부과하고, 촌에서는 각 공연별로 호등의 등급만큼 거두어들였다고 보는 것이다. 이 경우 호등이 높은 지배층은 매우 많은 조를 내게 되었을 텐데, 엄격한 신분제 사회인 신라에서 이러한 수취가 이루어지기는 어렵다고 보기도 한다. 즉 공연의 호등에 관계없이 각 공연마다 같은 액수의 공물이 부과되었다거나, 호등별로 차등을 두어 징수하더라도 그 차이가 크지 않았을 것이라고 이해하는 것이다.

공물의 수취량이 어느 정도였는지 또한 잘 알 수가 없다. 다만 이와 관련해서 665년(문무왕 5)에 비단 한 필의 길이를 종래의 10심尋에서 길이 7보步 너비 2척尺으로 바꾼 것이 주목된다. 1심이 8척이므로, 기준 척도의 변화가 없었다면, 필의 길이가 약 반으로 줄어들었다고 할 수 있다. 만약 이때 삼국시대 신라에서 사용했던 23.7센티미터의 후한척에서 29.7센티미터 당대척唐大尺으로 기준 척도가 바뀌었다면, 1필의 크기는 약 3분의 1 정도 줄어든다. 결국 공물로 바치는 비단이나 베의 양이 그만큼 줄어드는 효과를 낳는 것이다. 이것을 669년 2월에 있었던 빚 탕감과 이자 면제 조치와 관련지어 이해한다면, 삼국 간의 전쟁이 끝난 뒤 백성들의 경제적 부담을 줄여 주는 시책이었다고 볼 수 있다.

신라의 역역

신라의 역역力役은 요역과 군역으로 나뉘고, 요역은 국가에 의한 징발과 각 지방 관청이 수시로 징발하는 잡역이 있었다. 다만 잡역이 누구를 대상으로, 언제, 어떤 방식으로 운영되었는지는 알 수가 없다. 역역의 징발 대상은 삼국시대와 마찬가지로 일반 민이었다. 790년(원성왕 6) 전주 등 일곱 주에서 사람을 징발해 공사役를 일으켜 벽골제를 증축했다거나, 826년(헌덕왕 18) 한산 북쪽의 여러 주와 군 사람들 1만 명을 징발해 패강에 장성 300리를 쌓았다는 기록으로 보아 주와 군의 일반 민이 징발 대상이었음을 알 수 있다. 그리고 721년(성덕왕 20) 하슬라 지역의 정부丁夫, 즉 장정 2천 명을 징발해 북쪽 국경에 장성을 쌓았다고 하니, 역역으로 징발된 일반 민은 정부, 즉 정남이었음도 알 수 있다.

삼국시대의 경우 정은 15세부터였고, 고려시대 국역國役의 대상인 정은 16~60세였으므로, 이때 정남의 나이도 15세부터였을 것이라는 견해도 있다. 하지만 당시 당과 일본 고대의 정은 대체로 21세부터였기 때문에, 이 시기 신라의 정도 20세나 21세부터 60세까지였을 가능성도 있다. 그리고 여성, 즉 정녀의 경우는 역역 징발 대상이 아니었을 것이다.

요역으로 징발되는 기간은 1년에 한 달 내외였을 것으로 추측하기도 하고, 당의 세역 일수가 1년에 20일이라는 점을 고려해 신라에서도 20일 정도였을 것으로 보기도 한다. 대개 20일에서 한 달 정도의 기간이었을 것이다.

정남은 요역뿐만 아니라 군역에도 징발되었다. 다만 이 시기에는 전쟁이 거의 없었기 때문에 군역으로 징발되었다고 하더라도 병사보다는 노동부대로서의 역할이 컸다. 798년(원성왕 14)에 세워진 〈영천청제비〉(정원명貞元銘)에 나오는 법공부法功夫와 〈신라촌락문서〉 살하지촌에 보이는 여자余子·법사法私가 바로 그들이다. 법공부는 대개 촌락을 기반으로 조직된 법당의 군인으로 추정되며, 여자·법사도 법당의 군인으로서 주로 노역을 담당했다.

삼국시대와 마찬가지로 군역의 복무기간은 3년이었을 것이다. 3년마다 작성된 〈신라촌락문서〉 살하지촌에만 여자·법사가 있다는 점은, 3년을 단위로 각 촌별로 돌아가면서 법당에 징발되었음을 말해 준다.

〈영천청제비〉(정원명)에 따르면 절화군과 압량군에서 조역助役을 징발했다. 즉 역역을 징발할 때 여러 현을 아우르는 군을 단위로 그 명령과 집행이 이루어졌다. 그런데 청제비 수치를 위해 징발된 조역은 그리 많은 수가 아니었기 때문에 절화군과 압량군의 모든 정남이 조역으로 징발되었다고 보기는 어렵다. 그렇다면 징발되지 않은 다른 정남들은 그 해에 예정된 다른 역역에 동원되었거나 또는 대기 중이었다고 보아야 하는데, 매년 전국적으로 계속 공사가 진행되고 있었다고 전제하지 않는 한 이렇게 보기는 어렵다.

이와 관련해서 신라에서 용庸이 있었는지에 대해 서로 상반된 주장이 있다. 중국의 조용조租庸調제 가운데 하나인 용은 역역으로 징발되는 대신 비단이나 포布를 납부하는 제도였다. 중국과 달리 한국사에서는 제도의 성립과 발전에 소요되는 과정이 용이 제도적으로 확립되기에는 충분하지 않고, 중국에 비해 영토도 작고 인구도 적으며 공사의 규모나 빈도로 보아 노동력 징발을 대신해 현물로 내는 것이 제도화되지 못했을 것이며, 군대 조직을 통해 역사役事에 필요한 노동력의 대다수가 조달되었다는 점에서 용은 존재하지 않았다고 보는 견해가 있다.

하지만 진평왕 때 가실이 설씨녀의 아버지 대신 군역을 지는 대역제代役制가 있었다는 점을 고려하면 군역 대신에 비단, 포와 같은 물품을 납부하는 용의 제도가 있었다고 추측할 수 있다. 또 절화군과 압량군의 정남 가운데 청제비 축성을 위해 조역으로 징발되지 않은 나머지 정남들에게 다른 역역이 없었다면, 이들은 역역 징발에 상응하는 다른 부담을 졌다고 보아야 한다. 따라서 신라에서는 역역 대신 비단·포등의 물품을 납부하는 용이 있었다고 보는 것이 타당한 듯하다.

한편 역역의 징발 기준에 대해서는 〈신라촌락문서〉에 보이는 계연 수에 따라 차등 있게 징발되었다고 보기도 하고, 호등에 관계없이 각 공연마다 똑같이 정남 1명씩 징발되었다고 보기도 한다. 계연은 각 촌에 있는 공연의 호등을 계산해서 합한 수치이다. 첫 번째 견해는, 계연 수치가 각 촌에서 부담해야 하는 조세·공물·역역의 양이라는 점은 분명하므로, 역역의 징발도 계연 수치에 따라 차등 있게 이루어졌다고 보는 것이다.

　반면 두 번째 견해는 그렇게 징발되었다면 9등호제가 실시되었던 신라에서 최고 9배나 차이가 나게 노동력 징발이 이루어졌다고 보기 어렵고, 또 살하지촌의 여자·법사가 각 공연에 균일하게 부담되었다고 볼 수 있기 때문에 각 공연마다 역역 징발이 균일하게 부과되었다고 보는 것이다. 하지만 조세·공부와 마찬가지로 역역의 징발 또한 징발 대상이 되는 공연의 경제적 능력, 즉 호등을 고려해 부과했다고 보는 것이 좀 더 타당한 듯하다.

　발해의 수취 제도

　발해의 토지 제도와 수취 제도가 어떠했는지는 거의 알 수가 없다. 하지만 고구려나 당과 마찬가지로 조세·공부·역역제가 있었을 것이다. 발해의 서부와 남부는 주로 농업 지구였고, 동부의 핵심 지대는 농업과 어업, 수렵, 목축이 서로 결합된 지구였으며, 북부 지역은 어업, 수렵, 목축이 중심이면서 일부 농업이 이루어졌다.

　농업 지역에서는 토지 제도가 실시되어 그에 따른 조租의 수취가 이루어졌을 것이다. 발해의 토지 제도가 어떠했는지에 대해서도 알 수가 없기 때문에, 조의 수취 기준과 양, 수취 방식 또한 알 수가 없다. 발해는 전반적으로 벼농사보다는 주로 보리, 조, 콩 등 밭작물을 재배했고, 따라서 이들 작물이 수취 대상이었을 것이다. 고구려에서 조세로 거둔 작물이 조인 것을 보면 발해에서도 조가 중심적인 수취 대상이었을 가능성이 있다. 다만 발해의 특산물 가운데 노성의 벼가 유명하기 때문에 일부 벼농사가 이루어지던 곳에서는 벼나 쌀이 수취되었을 것이다.

《신당서》에는 발해에서 귀하게 여기는 특산물로 태백산의 토끼, 남해부의 곤포, 책성부의 된장, 부여부의 사슴, 막힐부의 돼지, 솔빈부의 말, 현주의 베, 옥주의 솜, 용주의 명주, 위성의 철, 노성의 벼, 미타호의 가자미가 있고, 과일로는 환도의 오얏, 악부의 배 등이 있다고 기록되어 있다. 이들 특산물은 당연히 해당 지역의 공물로 수취되었을 것이다.

발해에서도 요역과 군역의 징발이 있었을 것이지만, 그 실상에 대해서는 흔적을 찾을 수 없다.

재정 지출

삼국시대의 재정 지출

재정 담당 관부에 의해 수취된 조세와 공물, 징발된 노동력은 국가와 왕실의 운영을 위해 사용되었다. 삼국이 국가로 성립, 발전하면서 이러한 재정 지출은 항목별로 분류되고, 그 중요도에 따라 차등 있게 집행되었다. 삼국시대 초기에는 국가 재정과 왕실 재정이 분리되지 않았을 것이므로, 재정의 지출 또한 분리되지 않은 채 이루어졌을 것이다. 그 뒤 국가 재정과 왕실 재정이 분리되면서, 왕실 재정은 오로지 왕실의 운영을 위한 경비로만 지출되었다. 왕실 재정의 지출 항목은 왕실의 주거, 식사, 행사 비용이나 특히 제사 등의 종교 활동 비용 등이 중심이 되었다.

국가 재정의 경우 관청의 운영 경비, 관리에게 지급되는 녹봉·녹읍, 각종 제사 비용, 전쟁 비용이 가장 중심을 이루었을 것이다. 국가의 성립과 발전 과정은 각종 관부의 설치와 정비 및 확대 과정이라고 할 수 있는데, 이러한 관부를 운영하기 위해 필요한 경비가 재정 지출의 중요한 항목이었다. 또 각 관부에는 관부를 운영하는 관리가 임명되었을 것이므로 해당 관리에게 관직 복무 대가로 지급되는 녹봉·녹읍 비용도 재정 지출의 한 항목이었다. 삼국시대 중반 이후 관부가 증가하고, 이에 따라 관리의 수도 증가함에 따라 여기에 지출되는 비용도 비례해서 증가했다.

각종 제사 비용이나 종교 활동비도 재정 지출 항목 가운데 하나였다. 조세 수취 제도의 기원이 제사를 위해 필요한 공물의 수취에서 비롯되었다는 점을 고려하면, 이 점을 쉽게 이해할 수 있다. 영고, 동맹, 무천, 5월제, 10월제 등 국가적 행사를 치르는 과정에서 막대한 비용을 지출했을 것이다. 또한 불교의 수용 이후에는 사찰의 축조와 각종 법회 등의 종교 활동을 위해 많은 비용이 지출되었다.

국가의 발전을 위해서는 근간이 되는 일반 백성의 경제적 안정이 필수적이다. 따라서 자연재해나 흉년 등으로 인해 굶주리는 백성이나 빈민자를 구휼하기 위해 필요한 비용도 지출의 중요한 항목이었다. 고구려에서 194년(고국원왕 16)에 시행한 진대법이 그 대표적 사례다. 하지만 삼국시대 재정 지출 가운데 가장 많은 부분을 차지했던 항목은 전쟁 비용이었을 것이다. 특히 6세기 이후 삼국 간의 전쟁이 치열해지면서, 전쟁 비용은 급격히 증가했다. 국가 발전 초기에는 영토가 확장되면 새로이 수취할 수 있는 대상 지역이 증가했으므로, 이를 통해 전쟁 비용을 마련할 수 있었다. 하지만 삼국이 국경선을 맞닿게 된 이후부터는 새로운 수취 지역을 확보하기 어려웠을 것이므로, 전쟁 비용은 상당한 부담이 되었다.

삼국은 모두 국경을 중심으로 한 성 안에 상당한 양의 군량을 비축하고 있었다. 함안 성산산성에서 발견된 목간에는 560년대 신라가 안라 지역을 복속시켜 성을 쌓고 군사를 주둔시키기 위해 군수 물자를 조달했다는 사실을 확인할 수 있다. 또 645년 당 태종이 고구려를 침입했을 때, 개모성이 함락되어 1만 명이 사로잡히고 양곡 10만 석을 빼앗겼으며, 요동성이 함락되어 군사 만여 명, 남녀 4만 명이 포로가 되었고 양곡 50만 석을 빼앗겼다. 이처럼 변경의 성에는 막대한 양의 양곡이 비축되어 있었으니, 이들 양곡은 전쟁 비용 가운데 일부였다. 전쟁 비용에는 양식뿐만 아니라 성을 쌓기 위한 각종 비용 및 노동력 징발이 포함되었고, 우수한 무기와 각종 기구를 만들기 위한 비용도 포함되었다. 오랜 기간 계속된 전쟁은 삼국 모두에게 막대한 재정 지출에 대한 감내를 요구한 것이다.

남북국시대의 재정 지출

백제, 고구려가 멸망하고 당과의 전쟁이 끝난 이후 신라에게 전쟁 비용은 거의 필요 없었다. 발해 초기에 당과 전쟁을 했을 때를 제외하면 오랜 기간 동안 별다른 전쟁이 없었기 때문이다. 아마 군대의 유지 비용만 지출되었을 것이다.

신라와 발해 모두 재정 지출의 항목으로는, 국가 재정의 경우 각종 관청의 운영 경비, 관리에게 지급되는 녹봉·녹읍, 불교 관련 비용, 각종 공사의 비용, 진휼비 등이 있다. 신라의 경우 새로운 관부가 설치되고 또 기존 관부에서도 관리는 계속 증가했기 때문에, 관청의 운영 경비는 물론이고 관리들의 녹봉·녹읍 비용도 계속 증가했을 것이다. 녹봉과 녹읍의 설치와 폐지가 반복된 것도 증가해 가는 재정 지출에 대한 부담이 하나의 원인이었다. 1933년 일본 동대사 정창원에서 발견된 〈신라녹봉문서〉에는 관리의 이름, 관등, 녹봉으로 받은 곡물의 양 등이 순서대로 기록되어 있는데, 관리들에 대한 녹봉 지급 내역을 잘 보여 주고 있다.

관청의 운영 경비에는 각종 행정 비용이 포함되었을 것인데, 특히 지방 관청의 경우 호구 조사, 양전 사업 등 관내의 현황을 파악하는 비용과 조세의 수취 및 운반 비용, 관내의 여러 역사 관련 비용 등이 필요했다. 〈신라촌락문서〉에 보이는 '관모전답'이 이러한 관청 운영 경비를 마련하기 위해 설정된 토지였다. 지방관은 해당 지방의 관청에서 녹봉·녹읍을 받았다.

신라와 발해는 모두 불교를 숭상했기 때문에 불교 관련 행사와 의식, 불사의 건립 등에 많은 비용을 지출했을 것이다. 국가적인 차원에서 건립하는 사찰의 건축비나, 국가가 주도하는 법회의 비용은 모두 국가 재정에서 지출되었다. 신라의 경우 새로운 사찰이 많이 건립되었고, 또 각종 법회나 불교 관련 행사가 빈번하게 이루어졌음을 고려하면, 여기에 소용되는 비용이 국가 재정 지출에서 차지하는 비중은 적지 않았을 것이다.

또한 궁궐이나 성을 쌓거나 도시 구획을 정비하고, 벽골제·청제 등의 저수지를 쌓는 등 각종 공사를 위해서도 많은 비용이 지출되고, 노동력 징발이 이루어졌다. 이 밖에 삼국시대와 마찬가지로 각종 자연재해에 피해를 입은 백성들에게 구휼미를 주는 등 진휼비도 재정 지출 항목 가운데 하나였다.

— 박찬흥

삼국 초기에 삼국의 정치 운영과 지배 구조는 건국의 핵심 주체로서 단위 정치 체적인 성격을 지닌 5부 또는 6부에 의해 규정받았다. 때문에 당시의 정치 체제와 지배 체제를 통칭해 5부 또는 6부 체제라고 부른다. 고조선과 부여의 지배 체제 역시 삼국 초기의 부 체제와 크게 차이가 없었다. 4~6세기에 삼국은 부 체제를 극복하고 중앙 집권적인 국가 체제를 정비했다. 그럼에도 기존 5부와 6부의 지배층이 지방민을 통치하는 지배 구조 자체에 근본적 변화는 나타나지 않았다. 이와 같은 지배 구조는 골품제를 기초로 관료제를 운영한 통일신라에서도 그대로 존속되었다. 왕경인이 지방민을 통치하는 지배 구조는 통일신라 말기 농민들의 거센 항쟁으로 부너졌다. 고려의 핵심 지배층에 지방의 지배 세력, 고구려와 백제 유민의 후예가 다수 포함되었다. 그들은 본관을 바탕으로 지방에서 확고하게 세력 기반을 구축하고, 중앙 정계에 진출해 정치적 영향력을 행사했다. 이러한 고려 지배층의 존재 양태는 신라 사회의 핵심 지배층이 주로 왕경 6부인의 후예에 한정 된 사실과 대비된다. 고려 건국의 역사적 의의는 바로 이것에서 찾을 수 있다.

정치 운영 원리와 신분제

고대 사회의 핵심 키워드, 부와 골품

고조선 및 삼국 초기의 정치 운영

고조선과 부여의 지배 구조

고조선과 부여 국가는 여러 정치 집단의 연합체로 구성되었고, 외곽에는 그들에게 예속된 소국이나 읍락이 분포하고 있었다. 고조선의 관명官名으로는 상相, 장군將軍, 대신大臣, 대부大夫, 박사博士 등이 있다. 대신과 장군, 대부, 박사 등은 관료적 성격은 아니고, 관리를 지칭하는 일반적인 표현이거나 또는 맡은 직임이 중국의 관직과 유사했기 때문에 중국인이 임의로 그렇게 부른 것으로 보인다. 여러 관명 가운데 비교적 다양한 용례가 전하는 것이 한의 제도를 모방했다고 보이는 '상'이다. 《사기》, 《삼국지》 등을 보면 고조선 멸망 시에 조선상朝鮮相 노인路人, 조선상 한음韓陰, 조선상 역계경歷谿卿, 니계상尼谿相 참參이라는 명칭이 등장한다. 이들 가운데 역계경은 위만衛滿의 손자 우거右渠에게 간언했다가 듣지 않자 동쪽의 진국辰國으로 간 인물인데, 이때 그를 따라간 자가 2천여 호에 이르렀다고 한다. 역계경을 따라간 2천여 호는 그와 관련이 깊은, 다시 말해 그의 통제 아래 있었던 집단이었을 것이다. 역계경은 2천여 호의 집단을 다스리는 수장이면서 동시에 조선상에 임명되어 국정 운영에 관여했다고 볼 수 있다.

고조선 멸망 시에 한음, 노인도 조선상이었다. 한 시기에 복수의 조선상이 존재했던 것이다. 역계경은 조선왕 우거의 관료가 아니었다. 노인이나 한음 가운데도 역계경과 유사한 성격을 지닌 이가 있었을 것이다. 이때 조선상은 '조선(이란 국가)의 상'이란 의미로 풀이된다. 반면에 구체적인 지명을 관칭한 경우도 존재하는데, 니계상 참이 바로 그에 해당한다. 《사기》〈후자연표侯者年表〉에서는 '조선니계상'이라고 표기했다. 여기서 조선은 국명이고, 니계는 지명으로 보이므로 참은 니계 지역에 기반을 둔 수장이었을 것이다. 조선상 역계경 등도 참과 같이 '조선-상'이라고 불렀을 것이다. 이처럼 '상'이 특정 지역에 기반을 둔 정치 집단의 수장이었으므로 고조선 국가는 바로 여러 지역에 기반을 둔 정치 집단의 연합체라고 규정할 수 있다. 이러했기 때문에 국가의 정책 입안이나 결정은 그들의 합의에 기초했을 것이다. 역계경이 우거왕과 대한對漢 정책을 둘러싸고 갈등을 빚은 사례에서 그 일면을 엿볼 수 있다. 이때 물론 국정을 논의하는 회의체는 국왕이 주재했을 것이다.

고조선 국가의 외곽에는 여러 종속 집단이 분포하고 있었다. 《사기》〈조선전〉에 "조선이 그 인근의 소읍小邑을 침략해 항복시키자, 진번眞番, 임둔臨屯이 복속했다"라고 전한다. 기원전 128년에 예군薉君 남려南閭가 28만 여 구口를 이끌고 고조선을 이탈해 한에 투항했는데, 예 집단 역시 고조선의 외곽에 분포하던 종속 집단이었다.

부여 국가의 지배 구조도 고조선과 비슷했다. 부여 초기에는 왕권이 미약해 계속된 가뭄이나 장마로 오곡이 영글지 않으면 그 허물을 왕에게 돌려 왕을 교체하거나 죽이는 전통이 있었다. 그러나 3세기 중엽에 왕위의 부자 계승이 확립되자 왕권은 이전보다 강화되었다. 다만 왕의 아들이라도 여전히 제가諸加가 함께 왕으로 옹립하는 형식을 취했다. 예를 들어 간위거簡位居의 서자庶子 마여麻余를 뭇 가들이 함께 왕으로 삼았고, 마여가 죽자 그의 아들인 여섯 살짜리 의려依慮를 왕으로 세웠다고 한다. 이와 같은 형식은 당시 여러 가의 합의를 기초로 국정을 운영하는 정치 체제가 존재했음을 전제하는 것이다.

《삼국지》〈동이전〉에 부여의 관명으로 "마가馬加, 우가牛加, 저가猪加, 구가狗加, 대사, 대사자, 사자 등이 있고 제가들은 별도로 사출도四出道를 관할하는데, 이때 큰 곳은 수천 가家이며 작은 곳은 수백 가이다"라고 전한다. 동일한 사료에 우가의 조카 위거位居가 대사로서 백성에게 선행을 베풀고, 반역을 꾀한 계부季父 부자를 죽여 몰수한 그들의 재산 목록을 적어 관에 보고했다고 전한다. 또한 위거가 해마다 위魏에 사신을 보내 공물을 바치고, 관구검毌丘儉이 고구려를 침략할 때 사람을 시켜 현토 태수 왕기王頎를 교외에서 맞이하게 한 다음 군량을 제공했다는 언급도 보인다. 마여왕대에 국정 운영을 주도한 위거는 마여가 사망하자 의려를 왕으로 삼는 데에도 결정적인 역할을 했을 것인데, 이는 대사인 위거가 바로 제가의 하나였음을 반증한다. 결국 마여를 옹립한 제가와 우가, 마가 등이 동일한 실체이고, 이에서 한걸음 더 나아가 사출도를 관할한 제가 역시 마가, 우가 등을 가리킨다고 규정할 수 있다.

사출도는 부여의 중심에서 사방으로 통하는 도로를 뜻한다. 따라서 제가들이 사출도를 별도로 관할했다는 내용은 사출도와 별도로 국왕이 직접 관할하는 지역이 있고, 거기에서 사방으로 통하는 도로의 근처에 위치한 수천 가 또는 수백 가를 이루는 여러 집단을 우가, 마가 등이 관할했다는 의미로 해석된다. 이때 우가, 마가 등은 그들이 관할하는 집단의 수장으로서 부여 왕으로부터 임용되어 국정 운영에 참여하던 존재들이었다고 말할 수 있다. 이처럼 부여 역시 고조선과 마찬가지로 여러 정치 집단의 연합체였기 때문에 가들의 합의에 기초해 국정을 운영할 수밖에 없었던 것이다. 그런데 부여에도 그들에게 종속된 이종족 집단이 존재했다. 대표적인 사례로는 읍루를 들 수 있다. 읍루는 한대 이래로 부여에 신속臣屬되었는데, 부여가 조부租賦를 과중하게 부과해 자주 반기를 들었다고 한다. 읍루는 부여 국가를 구성한 여러 정치 집단의 외곽에 존재하는 종속 집단이며, 이들 외에도 부여의 지배를 받던 여러 이종족이 존재했을 것이다. 여러 정치 집단이 연합해 부여 국가를 구성하고, 그 외곽에 이종족이나 소국들이 종속 집단으로서 분포하는 지배 구조는 고조선과 동일했던 것이다. 이와 같은 지배 구조는 삼국 초기에도 계속 이어지는데, 당시의 지배 체제를 포괄해 흔히 부部 체제라고 부르고 있다. 고조선과 부여 국가의 중심 집단을 '~부'라고 부르지는 않았지만, 성격상 부 집단과 크게 차이가 없다. 따라서 고조선과 부여의 지배 체제를 포괄적으로 부 체제의 초기 형태라고 불러도 좋을 듯싶다.

고조선과 부여의 지배 구조는 읍락을 기본 단위로 했다. 당시 읍락에서는 공동체적인 생산 관계가 여전히 중시되었다. 《한서》〈지리지〉에 고조선의 〈범금팔조犯禁八條〉가 전하는데, 이를 통해 고조선시대에 사형 제도, 노비의 존재, 사적 소유의 보장, 가족 제도의 발달, 그리고

① 낙랑조선樂浪朝鮮의 백성들이 팔조八條의 금령禁令(법률)을 범하여 사람을 죽이면, 즉시 죽여서 그 죄를 갚고,

② 사람에게 상처를 입히면, 곡식으로 배상하게 하며,

③ 남의 물건을 훔친 자는 남자면 평민의 신분을 몰수해 그 집의 노奴로 삼고, 여자면 비婢로 삼는데, 스스로 재물을 바치고 죄를 면제받고자 하는 자는 사람마다 50만 전을 내야 한다.

범금팔조 《한서》〈지리지〉에 위의 세 항목과 함께 "비록 면제를 받아 평민이 되었다고 하더라도 사람들이 이를 부끄럽게 여겨 혼인하기를 꺼려했다. 이 때문에 그 백성은 끝내 도둑질을 하지 않아 대문을 닫아 두는 경우가 없었다. 부인들은 단정하여 음란한 일이 없었다"고 전한다. 《한서》에는 여덟 가지 가운데 세 가지 금령만 전하고, 다섯 가지 금령에 관한 언급이 없다. 팔조범금은 형벌이 매우 엄한 고대 사회의 공통되는 복수법[萬民法]의 성격을 지녔다. 이것을 통하여 고조선에서 사유 재산 제도와 가족 제도가 발달했고, 계급의 분화가 이루어졌음을 알 수 있다.

범금을 어겼을 때에 그것을 집행하는 국가 권력의 실체를 입증할 수 있다. 나름대로 씨족 공동체에 기초한 사회 상태를 극복한 것으로 보이지만, 남의 재산이나 물건을 도둑질한 자는 그 집의 노비로 만든다는 세 번째 조항은 고조선의 읍락 사회에 공동체적인 관계가 강하게 남아 있음을 잘 보여 준다.

〈범금팔조〉에서 물건이나 재산을 절도해 노비가 된 자가 평민이 되고자 한다면, 50만 전의 돈을 배상해야 했다. 이처럼 법이 매우 엄격한 관계로 도둑질하는 자가 없었기 때문에 고조선 사람들은 대문을 활짝 열어 놓고 살았다는 내용이 동일한 사료에 전한다. 읍락 사회에

서 도둑질한 자가 거의 없었으면, 노비도 그리 많은 편은 아니었을 것이다. 이때 노비는 주로 전쟁 포로나 공납의 헌상 등을 통해 충당되었을 것이다. 일반적으로 외부에서 노비를 충당하던 단계의 사회에는 공동체적인 관계가 광범하게 잔존했다고 해석할 수 있다. 절도죄로 노비가 된 자가 50만 전을 배상하고 평민이 되었다고 하더라도 서로 혼인하기를 꺼리던 사회적 관습은 공동체 성원에서 배제된 사람들을 다시 같은 성원으로 인정하기를 꺼리던 원시 공동체 사회의 전통이 그대로 이어진 것으로 볼 수 있다. 사실 읍락 사회의 구성원 사이에 계층 분화가 어느 정도 진행된 시기, 즉 사회 분화가 나름대로 진전된 시기에 여덟 개의 범금 조항만으로 사회 질서를 유지하기가 그리 쉽지는 않았을 것이다. 한사군 설치 이후 범금 조항이 60여 개로 늘어났다는《한서》〈지리지〉의 기록은 당시에 한인漢人의 이주, 철기의 보급으로 인해 사회 분화가 고조선시대보다 한 단계 더 진전되었음을 반영한 것이다.

부여의 읍락 역시 고조선의 읍락과 거의 비슷한 사정이었을 것이다. 2~3세기경까지 동예에는 산과 내마다 각 읍락이 관할하는 구역이 정해져 있어 그 구역을 함부로 침입하면 그 벌로 소나 말, 생구生口를 부과한 책화責禍 제도가 있었다. 다른 읍락민이 관할 구역을 함부로 침입하지 못하게 한 것은 동예의 읍락 내부에 공동체적인 관계가 강하게 잔존하고 있었기 때문이다. 그런데 부여의 법속法俗은 동예와 비슷했다고 한다. 부여의 읍락 사회 역시 동예와 마찬가지로 공동체적인 생산 관계에 기초했음을 시사해 주는 측면으로 주목된다. 다만 부여의 읍락 사회에는 평민 가운데 일부인 하호, 그리고 평민과 구별되는 부호한 민, 즉 호민이 존재했다. 호민들은 하호를 노복奴僕처럼 대우했는데, 이것은 동예보다 부여 읍락에서 계층이 다양하게 분화되었음을 전해 주는 것이다. 삼국 초기 역시 부여 읍락 사회의 계층 구조와 크게 차이가 없었다.

삼국 초기 정치 체제와 그 운영

삼국 초기에 삼국은 각각 5부나 6부의 연합체였다. 당시 각 부의 내부에는 부내부部內部라고 불리는 소규모 지역 집단이 여럿 존재했고, 그 내부의 계층 구성도 비교적 복잡한 편이었다. 예를 들어 고구려의 5부에는 가계층, 호민과 읍락의 일반 구성원(평민), 그리고 평민 가운데 빈한한 하호가 있었고, 이외에 노비도 존재했다. 신라나 백제의 경우 고구려보다 사회 분화의 진전이 더뎠지만, 대체로 읍락 사회의 계층 구성은 유사했을 것이다. 이때 각 부의 대표는 그 지위를 대대로 세습했고, 자체적으로 관리를 임명해 내부 통치를 실현했다. 예를 들어 고구려에서는 왕과 더불어 각 부의 대표가 사자使者, 조의皁衣, 선인先人을 임명했고, 2009년 발견된 〈포항중성리신라비浦項中城里新羅碑〉에서 보듯이 신라에서도 각 부의 대표는 국왕과 마찬가지로 일벌一伐, 이척伊尺, 아척阿尺 등의 관리를 임명할 수 있는 권한을 가지고 있었다. 백제의 경우도 사정이 비슷했을 것이다.

삼국 초기에는 가장 강력한 부의 대표가 국가 전체를 대표하는 국왕이 되었다. 통상 국왕은 대외적 교섭권이나 군사권을 독점했고, 필요한 경우에 각 부의 내부 통치에 간섭할 수도 있었다. 고구려의 경우 국왕이 한과의 교역 장소인 책구루幘溝漊를 통제해 대외 교섭 창구를 일원화했고, 각 부의 대표가 관리를 임명할 때, 그 명단을 반드시 왕에게 보고하도록 의무화했다. 또한 각 부의 지배층이 부인部人들을 과도하게 수탈해 원성을 사는 경우에는 국왕이 개입해 그들을 처벌하는 경우도 종종 있었다. 예를 들어 고국천왕대(179~197)에 연나부椽那部(절노부) 출신 왕후의 친척들인 중외대부中外大夫 패자沛者 어비류於卑留, 평자評者 좌가려左可慮의 자식들이 남의 자녀를 노비로 삼고 주택과 토지를 빼앗아 원망을 사자 고국천왕이 이에 개입해 그들을 처형했다. 신라에서는 각 부에서 징발한 군사로 편성된 6부군이 국왕의 통제 아래 주변의 소국들을 정복하는 기본 군사력으로 활용되기도 했다.

한편 각 부의 내부에 존재한 '부내부'의 대표도 역시 내부의 통치에 대해 자치권을 행사했다. 〈포항중성리신라비〉를 통해 본파훼本波喙(본피부)에 간지干支를 칭하는 존재가 적어도 2명 이상이고, 그들이 각자 일벌壹伐(一伐) 등 관리를 임명했음을 확인할 수 있는데, 이는 '부내부'의 대표가 그 내부의 통치에 대해 자치권을 행사했음을 알려 주는 유력한 증거 자료이다. 결과적으로 각 부의 대표 역시 국왕과 마찬가지로 부내부의 대표이면서 동시에 부를 대표하는 중층적이고 다원적인 위상을 지녔다고 볼 수 있다.

그런데 삼국 초기에 건국 주체 세력인 부 집단에게 공납을 바치던 종속 집단, 즉 복속 소국이나 읍락 집단이 삼국의 외곽에 광범하게 분포하고 있었다. 고구려의 경우 동옥저나 동예가 대표적이다. 동옥저가 고구려에 담비가죽, 생선, 소금과 해초류 등을 등에다 지고 운반해 바친 것처럼 종속 집단은 고구려 5부 집단에게 예속되어 무거운 공납을 납부해야만 했다. 신라의 경우, 진한의 소국들이 바로 종속 집단에

'대간大干' 명 굽다리 접시 경남 창녕군 계성면 사리고분에서 출토된 굽다리 접시에 '大干' 이란 명문이 새겨졌다. 고분은 6세기 중엽에 축조된 것으로서 당시 창녕 지역의 재지 지배자의 무덤으로 추정된다. '大干' 명 굽다리 접시를 통해 5~6세기에 신라에 복속되었던 지역의 지배자가 간干 또는 대간大干으로 불렸음을 알 수 있다.

해당하며, 마한의 여러 소국은 백제의 종속 집단이었다. 다만 백제의 경우는 건국 초기에 목지국目支國에 복속되었다가 3세기 후반에 그것을 누르고 마한의 대표 세력으로 부상하면서 여러 소국이 종속 집단으로 편제되었다. 이러한 상황은 삼국의 부 집단이 국가 전체의 지배 구조상에서 종속 집단을 지배하는 지배자 공동체의 성격을 지녔음을 반영하는 것이다. 당시에 삼국은 각 부 집단을 적극 활용해 지방의 여러 소국이나 읍락 집단을 정복하고, 나아가 그것을 매개로 지방에 대한 지배를 실현했다. 고구려가 동옥저에서 공납을 수취할 때 왕의 종족이나 부의 대표를 지칭하는 대가로 하여금 통괄하도록 한 사례에서 후자의 일면을 발견할 수 있다.

삼국 초기에 5부나 6부가 연합해 구성된 국가는 신진화론neoevolutionism에서 말하는 전형적인 '국가state', 즉 권력이 국왕에게 집중되고 국왕이 관료 조직을 통해 통치권을 실현하는 국가는 아니지만, 나름대로 지배층이 국가 조직을 통해 피지배층을 지배하는 통치 체제를 갖추고 있었다. 이때 5부나 6부는 국가 전체를 대표하는 국왕이 직간접적으로 피지배층에 대한 지배를 실현하는 통치 단위로서 기능했다. 국가 전체의 지배 구조상에서 통치 단위의 핵심이면서 내부의 통치에서 자율성을 보장받은 자치적인 정치체로서의 성격을 지니던 5부나 6부를 단위 정치체로 정의할 수 있다.

삼국 초기에 삼국의 국왕이 5부나 6부를 모두 직접 통치하지 못했기 때문에 전쟁이나 여러 가지 대내외 사안이 발생했을 경우에는 여러 부의 협조가 필요할 수밖에 없었다. 여기다가 각 부 간의 이해관계가 얽혀서 갈등이 빚어지는 경우에도 특정 부만을 직접 통치하는 국왕이 해결할 수 있는 범위는 매우 제한적이었을 것이다. 결국 부가 단위 정치체적인 성격을 지니던 삼국 초기에는 나라마다 대내적, 대외적 사안에 대해 부 간의 의견을 조정하는 회의가 관례적으로 열렸다. 신라의 6부 대표자 회의, 고구려의 제가 회의가 바로 그러한 회의체에 해당한다. 구체적인 기록이 전하지 않지만, 백제에서도 후대 정사암 회의의 전통 등에서 유추할 수 있듯이 합의제에 기초해 국정을 운영한 것으로 보인다. 삼국 모두 초기에는 각 부의 대표가 국왕과 동등한 발언권과 의결권을 가지고 국정 현안을 논의하는 회의에 참석했다. 그러나 왕권이 강화되면서 왕이 속한 부의 사람이 회의 구성원으로 다수 참여하거나 또는 세력이 위축된 일부 부의 대표가 거기에서 배제되는 경향성이 나타났다.

일반적으로 회의에서 결정된 사항은 그 구성원 공동 명의의 교시로 발표하는 것이 관례였다. 구체적인 사항은 〈포항중성리신라비〉, 〈영일냉수리신라비〉, 〈울진봉평신라비〉의 내용을 통해 살필 수 있다. 이 중에서 〈울진봉평신라비〉를 보면 얼룩소를 희생으로 삼아 하늘에 제사를 지냈다는 내용이 나오는데, 이를 통해 초기에 국가 전체의 운영과 관련된 중요한 회의는 주로 희생 의례를 수반했음을 알 수 있다. 이와 같은 희생 의례는 동맹제 등과 같이 제천 행사를 개최하는 동안에도 열렸다고 추정된다. 희생 의례는 얼룩소와 같은 산 짐승을 잡아서 하늘에 제사를 지내면서 어떤 사항을 맹세하는 내용으로 구성되었으며, 만약에 그것을 어기면 처벌이 뒤따랐다고 한다. 즉 희생 의례는 국왕이 일원적인 통치 체계를 바탕으로 부에 대해 강력한 통제권을 실현할 수 없었던 삼국 초기에 6부 대표자 회의나 제가 회의 등에서

의결한 사항을 각 부의 대표가 성실하게 이행할 수 있도록 규제하던 제도적 장치였을 것이다. 필요할 경우 임시로 회의를 열어서 국정 현안을 의논하기도 했는데, 이때에도 역시 희생 의례를 수반했다. 한편 각 부는 그러한 회의에 참여해 국왕의 일방적인 권력 행사를 견제하고, 또 자신들의 입장을 국정 운영에 반영할 수 있었다.

삼국 초기에 국왕은 부 대표의 통치에 여러 가지 방식으로 관여했으므로 부라는 통치 단위를 매개로 5부나 6부 전체에 통치를 실현했다고 말할 수 있다. 그리고 종속 집단의 정복이나 통제에 각 부의 지배 세력이 직접 관여하기도 했다. 이는 국왕의 종속 집단에 대한 통치 역시 부라는 통치 단위를 매개로 실현되었음을 의미한다. 이처럼 국왕이 5부나 6부 집단, 그리고 지방의 종속 집단에 대한 통치권을 실현할 때, 부라는 통치 단위가 중요한 매개체로서 기능했으므로 당시의 정치 체제와 지배 체제는 유기적 연관성을 지녔다고 볼 수 있다. 이러한 이유에서 삼국 초기의 정치 체제와 지배 체제를 모두 포괄해 부 체제라고 정의한다.

왕권 중심의 집권적 정치 체제

삼국 중반기 정치 체제의 변동
삼국 초기에는 국왕과 여러 부 대표의 합의를 기초로 국정을 운영하는 것이 원칙이었다. 따라서 왕권과 부 대표와의 역학 관계가 변함에 따라 정치 체제의 내용과 그 운영 양상에 변동이 발생했다. 구체적인 모습은 신라의 경우에서 잘 살필 수 있다. 신라는 이사금 시기에 박朴, 석昔, 김金 씨가 신라의 왕위를 교대로 차지했다. 이때 세 성씨는 모두 훼부喙部(양부) 소속으로서 신라 국가의 핵심 세력을 형성해 국정 운영에서 중심적인 역할을 수행했다. 당시에 이들 세 성씨가 소속된 훼부의 정치적 영향력이 가장 강했지만 후대와 비교할 때 6부 간 역학 관계의 불균형은 그리 심한 편이 아니었다.

《삼국사기》〈신라본기〉에는 파사 이사금 23년, 왕이 음즙벌국音汁伐國과 실직곡국悉直谷國의 영토 분쟁을 해결한 수로首露의 노고를 치하하기 위해 6부에게 명령을 내려 잔치를 베풀게 했는데, 이때 다른 부에서는 모두 이찬을 보냈으나 한기부漢祇部만이 오직 위位가 낮은 자[位卑者]를 보냈다고 전한다. 국왕은 훼부만을, 나머지 부의 경우는 각 부의 대표가 자치적으로 통치권을 행사하던 이사금 시기에 음즙벌국과 실직곡국의 영토 분쟁을 국왕 마음대로 처리하기가 그리 쉬운 일은 아니었을 것이다. 예를 들어 〈영일냉수리신라비〉를 보면 503년에 진이마촌珍而麻村의 어떤 재물에 대한 소유권을 지도로갈문왕至都盧葛文王(지증왕)을 비롯한 일곱 왕이 함께 의논해 결정했다. 파사왕 또한 비교적 객관적인 입장에 있던 금관국왕 수로에게 중재를 부탁하고, 그가 판결한 내용을 다시 6부의 동의를 받아서 신라의 입장으로 최종 정리하려고 했을 것이다. 따라서 파사왕이 6부에게 명령을 내려 수로왕을 위해 잔치를 베풀도록 한 조치는 단순히 영토 분쟁을 해결한 수로왕의 노고를 치하하기 위한 것만이 아니라 이에 대한 각 부의 동의를 얻기 위한 목적에서였다고 볼 수 있다. 이때 다른 부는 수로의 판결에 이의를 제기하지 않았지만, 오직 한기부가 이에 불만을 품고 관위가 낮은 자를 잔치에 파견하면서 문제가 발생한 것으로 보인다.

이처럼 위의 일화에서는 이사금 시기에 국가의 현안을 의논하던 모습의 일면을 발견할 수 있다. 그런데 여기서 눈길을 끄는 존재가 바로 한기부주이다. 한기부의 대표는 〈영일냉수리신라비〉와 〈울진봉평신라비〉에서 알 수 있듯이 6세기 전반에 국정을 의논하던 회의에 참석하지 못했다. 그 이유는 한기부의 세력이 당시에 매우 약했기 때문이었을 것이다. 반면에 이사금 시기에 한기부는 당당하게 그러한 회의에 참석했을 뿐만 아니라 수로의 판결에 강력한 이의를 제기할 정도로 세력이 결코 녹록지 않았던 것을 볼 수 있다. 다른 부의 사정 또한 마찬가지였을 것이다. 이사금 시기에 각 부의 세력이 녹록지 않았다는 것은 6세기 전반에 비해 부 집단 사이 역관계의 불균형이 그리 심하지 않았다는 이야기와 통한다. 각 부의 대표는 비교적 고르게 국정운영에 참여할 수 있었음은 물론이다.

6세기 전반 법흥왕의 친동생인 사부지갈문왕徙夫智葛文王(입종갈문왕立宗葛文王)이 사훼부沙喙部 소속이었다. 그리고 〈포항중성리신라비〉, 〈영일냉수리신라비〉, 〈울진봉평신라비〉 등에서 17관등을 받은 인물들의 소속 부를 조사하면, 모두 국왕이 소속한 훼부 또는 사훼부였음을 알 수 있다. 비록 지도로갈문왕이 503년 10월 이전에 어떤 특수한 사정으로 인해 매금왕麻錦王에 취임하지 못하고 여전히 갈문왕으로서 소속 부가 사훼부였지만, 본래 매금왕은 월성의 대궁大宮에 거처했기 때문에 소속 부는 훼부였다고 봄이 옳을 것이다.● 따라서 6세기 전반에 훼부

갈문왕은 신라에서 왕위에 오르지 못한 왕족에게 사여한 왕호다. 신라 초기에는 주로 왕의 죽은 아버지, 왕의 외할아버지, 왕비의 아버지 등에게 갈문왕이란 왕호를 수여했다가 마립간 시기에 주로 왕의 동생이나 가까운 인척에게 사여했다. 마립간 시기에 갈문왕은 부왕副王과 같은 역할을 수행했다가 태자가 없는 경우에 왕위를 계승하기도 했다.

와 사훼부는 김씨 왕실이 직접 통할하는 부들이었다고 볼 수 있고, 눌지왕의 동생 복호卜胡(巴胡)가 갈문왕에 책봉된 것에서 잘 알 수 있듯이 국왕의 친동생 또는 근친 형제가 갈문왕에 관행적으로 책봉된 마립간 시기부터 훼부 소속의 김씨 왕실이 사훼부를 통합해 통치했다고 추정해도 크게 문제가 되지 않을 듯싶다.

이런 과정을 거치면서 김씨 왕실은 훼부와 사훼부를 지배 기반으로 삼아 국정 운영에서 정치적 영향력을 확대해 나갔을 것이다. 구체적인 모습은 국정 현안을 논의하던 6부 대표자 회의에 국왕에게서 관등을 받은 훼부와 사훼부 소속 관리들이 대거 참여하고 있는 현상을 통해서 확인할 수 있다. 〈영일냉수리신라비〉에 나오는 지도로갈문왕을 비롯한 일곱 왕이 모인 6부 대표자 회의에 참석한 사람들은 지도로갈문왕을 비롯한 사훼부 소속 3명, 그의 통제를 받는 훼부 소속이 2명이었고, 나머지 2명은 본피부와 사피부(습비부) 소속의 지배자였다. 또 524년(법흥왕 11)에 건립된 〈울진봉평신라비〉에서 6부 대표자 회의에 참석한 사람들의 소속 부를 조사해 보면, 모즉지매금왕(법흥왕)을 비롯한 훼부 소속이 6명, 국왕의 통제를 받던 사훼부 소속이 6명이고, 나머지 2명은 본피부(진지부)와 잠훼부(모량부) 소속의 지배자였다. 503년에는 한기부와 잠훼부 소속의 지배자가, 524년에는 한기부와 습비부 지배자가 6부 대표자 회의에 참석하지 못했는데, 이는 그들 부의 세력이 약했기 때문이었을 것이다. 반면에 마립간 시기에 훼부와 사훼부는 국왕의 직접적인 통제를 받았으므로 이들 2부 소속의 귀족들이 그 회의에 대거 참석하고 있는 정황은 바로 국왕의 정치적 영향력 강화를 반영하는 측면으로 이해된다.

503(지증왕 4)
지증왕, 신라 국호 확정, 왕호 마립간
에서 '왕' 으로 변경.

553(진흥왕 14)
신라, 한강 하류 점령.

651(진덕여왕 5)
신라, 품주를 집사부로 개편.

'사훼부沙喙部' 명 수키와 '습부習部' 명 암기와   '사훼부' 명 수키와는 청주 상당산성에서 발견된 것이고, '습부' 명 암기와는 경주의 월성 및 월지(안압지) 등에서 발견되었다. '사훼부' 명 수키와는 통일신라시대에 서원소경(충북 청주)을 신라 왕경(경북 경주)과 마찬가지로 6부로 구 획했음을 알려 준다. '습부' 명 암기와는 6~7세기에 습비부習比部 또는 사피부斯彼部를 습부習部라고도 불렸음을 알려 주는 자료이며, '습부' 라는 표현은 《일본서기》에서도 찾을 수 있다.

   한편 고구려에서는, 2세기 후반까지 5부가 비교적 고르게 국정 운
영에 참여하는 모습을 보인다. 차대왕次大王의 옹립과 시해 과정에 연
나부(절노부), 관나부, 환나부, 비류나부(소노부) 사람들이 두루 참여한
것에서 그러한 일면을 살필 수 있다. 그런데 2세기 후반 이후에 국상
國相이나 주요 관직에 임용된 인물들의 소속 부를 살피면, 계루부와
연나부, 비류부에 제한되었음을 발견할 수 있다. 2세기 후반에 계루
부와 연나부, 비류나부가 중심이 되어 국정을 운영했고, 관나와 환나
부는 세력이 위축되어 점차 국정 운영에서 배제된 현실을 반영한 것
이다. 5부 간 세력 차는 2세기 후반부터 계루부와, 계루부와 긴밀한

협조 체제를 이룬 연나부, 비류나부 등이 지방 종속 집단에 대한 지배를 주도하면서 더욱 심화되었을 것이다.

　백제는 초기에 마한 목지국의 지배를 받았다. 이때 백제 건국의 주체 세력인 5부 집단 사이에는 커다란 세력 차가 없었기 때문에 그들 모두 고르게 국정 운영에 참여했던 것으로 여겨진다. 이와 같은 모습은 3세기 중·후반 이전에 좌보左輔와 우보右輔에 동부와 서부, 북부인들이 고르게 임용되었던 현실을 통해 엿볼 수 있다. 3세기 중·후반 고이왕대(234~286)에 백제는 목지국을 병합하고 마한의 대표 세력으로 부상했다. 이러면서 5부 집단이 종속 집단으로부터 공납을 수취하며 지방을 지배하는 내용, 즉 전형적인 5부 체제가 갖추어졌다고 볼 수 있으며, 아울러 5부 간의 역학 관계에도 변화가 나타났던 것으로 추정된다. 이때부터 왕족인 부여씨와 진씨, 해씨 등이 내신좌평이나 상좌평, 그리고 병관좌평에 임명되고 있는 추세가 확인되며, 이 밖에도 달솔이나 은솔, 그리고 여러 좌평직에 임명된 인물들도 마찬가지였다. 더욱이 근초고왕, 근구수왕, 침류왕, 진사왕, 아신왕은 모두 진씨眞氏를 왕비로 맞이했다. 왕족은 중부 소속으로 추정되고, 해씨와 진씨 세력은 북부 소속이었으므로 3세기 중·후반부터 국왕의 소속 부인 중부, 진씨와 해씨의 소속 부인 북부가 국정 운영을 주도했다고 볼 수 있다. 이때에 나머지 부가 점차 국정 운영에서 배제되었음은 물론이다. 즉 3세기 중·후반부터 국왕 소속 부의 정치적 영향력이 커지면서 5부 간 세력 차가 벌어지기 시작했고, 그에 기초해 5부 체제를 운영하기 시작했던 것이다.

　고구려에서는 2세기 후반부터 고유명 부와 더불어 방위명 부가 사서에 등장하기 시작한다. 여기서 방위명 부는 국도(왕경)의 행정 구역 단위였다. 고구려는 고유명 부에 거주하던 부의 지배 세력을 국도의 방위명 부에 이주시켰다. 한동안 고유명 부와 방위명 부가 병존하다가 3세기 후반에 전자가 완전히 소멸되었다. 이는 고유명 부에 거주하던 지배 세력들이 국도의 행정 구역 단위인 방위명 부로 이주해 중앙귀족으로 전화했음을 말해 주는 것이다. 결국 3세기 후반에 단위 정치체적 성격의 부가 사라지고 국도의 행정 구역 단위인 방위명 부만이 남게 되면서 5부 체제는 해체된 것이다. 이때 고구려는 본래의 고유명 부 지역을 지방 통치 조직인 촌이나 곡으로 편제하고, 거기에 수守나 재宰라는 지방관을 파견해 통치했다.

신라의 6부 명칭은 멸망할 때까지 특별한 변동은 없었다. 따라서 고구려처럼 부의 명칭 변화에 초점을 맞추어 그 성격 변화나 부 체제의 해체 모습을 살필 수 없다. 그런데 신라의 경우 6세기 전반까지 일부 부 대표가 여전히 '간지干支'를 칭하고 있었다. 예를 들어 〈포항중성리신라비〉에 본파훼(본피부) 시간지柴干支와 금평囗간지金評囗干支, 〈영일냉수리신라비〉에 본피부인 두복지간지頭腹智干支와 사피부인 모사지간지暮斯智干支가 보이고, 〈울진봉평신라비〉에 본피부인 囗부지간지囗夫智干支, 잠훼부인 미흔지간지美昕智干支가 나온다. 이런 측면에서 부의 성격 변화는 바로 간지를 칭하던 본피부인 등이 언제 국왕으로부터 17관등을 받았느냐를 살피는 문제와 직결되었다고 볼 수 있다. 530년대 이후의 금석문에서 6부 사람들 가운데 간지만을 칭한 존재는 전혀 발견되지 않는다. 6세기 중반에 건립된 〈명활산성작성비〉나 〈진흥왕순수비〉에서 모량부(잠훼부)나 본피부 사람들이 17관등을 보

● 영일냉수리신라비에 보이는 6부 관등

부명	인명	관등	부명	인명	관등
사훼	지도로	갈문왕	사훼	일부지	나마
사훼	사덕지	아간지	사훼	도로불	
사훼	자숙지	거벌간지	사훼	수구이	
훼	ㅁㅁ부지	일간지	훼	심체공	
훼	지심지	거벌간지	훼	사부	
본피	두복지	간지	훼	나사리	
사피	모사지	간지	사훼	소나지	

영일냉수리신라비   신라 지증왕 4년(503)에 건립된 〈영일냉수리신라비〉는 1989년 3월 경상북도 영일군 신광면(포항시 북구 신광면) 냉수 2리에서 발견되었다. 비문은 진이마촌珍而麻村의 어떤 재물을 둘러싸고 절거리節居利와 말추末鄒, 사신지斯申支가 다툼을 벌이자, 지도로갈문왕(지증왕)을 비롯한 6부의 지배자들이 함께 의논하여 전세 2왕(사부지왕과 내지왕)의 교시를 근거로 재물을 절거리의 소유로 한다고 판결한 내용이다.

● 울진봉평신라비에 보이는 6부 관등

부명	인명	관등
훼	모즉지	매금왕
사훼	사부지	갈문왕
본피	☐부지	간지
잠훼	미흔지	간지
사훼	이점지	대아간지
사훼	길선지	아간지
사훼	일독부지	일길간지
훼	물력지	일길간지
훼	신육지	거벌간지
훼	일부지	태나마
훼	일이지	태나마
훼	모심지	나마
사훼	십부지	나마
사훼	실이지	나마
훼	내사지	나마
사훼	일등지	나마
사훼	구사	사족지
훼	비수루	사족지
훼	졸차	소사제지
훼	오루차	소사제지
훼	개부지	나마
훼	모진사리공	길지지
사훼	☐문	길지지
훼	술도	소오제지
사훼	모리지	소오제지
훼		박사

울진봉평신라비　　법흥왕 11년(524)에 건립된 〈울진봉평신라비〉는 1988년 1월에 경북 울진군 죽변면 봉평 2리에서 발견되었다. 비문은 모즉지매금왕(법흥왕)과 6부 지배자들이 회의를 열어 어떤 죄를 지은 거벌모라居伐牟羅 남미지촌男彌只村의 주민들을 처벌하고, 지방의 몇몇 지배자를 곤장 60대, 100대씩 때릴 것을 판결한 내용이다. 〈울진봉평신라비〉는 6세기 전반 신라 관등제의 성립과 지방 지배 및 지배 체제의 변화상을 알려 주는 귀중한 자료로 평가받고 있다.

유했음을 확인할 수 있는데, 이것은 〈울진봉평신라비〉가 건립된 524년부터 6세기 중반 사이에 6부인 가운데 간지를 칭하던 존재가 소멸했고, 나아가 6부의 성격에도 변화가 있었음을 반영하는 것이다. 그런데 6부의 성격 변화와 관련이 깊은 6부 체제의 해체는 왕권의 위상 변화와 직결되었다.

왕권의 위상이 강화되는 방향으로 변화한 것은 531년(법흥왕 18) 상대등上大等의 설치에서 살필 수 있다. 이전까지는 국왕이 국정 현안을 논의하는 회의를 주재했고, 거기에서 의결된 내용은 회의 구성원 공동 명의로 발표하는 것이 관례였다. 그런데 상대등 설치 후에는 국왕을 대신해 상대등이 그것을 주재했다. 이때 회의의 주요 회원은 대등大等이었고, 상대등이 그들이 합의한 내용을 국왕에게 보고하면, 국왕은 개인 명의의 하교下敎를 통해 공표하는 것이 관례가 되었다. 이러한 국정 운영 방식은 상대등 설치 이후에 국왕이 정책 결정의 최고 책임자로서의 위상을 지니게 되었음을 반영하는 것이다.

국왕의 위상 변화는 왕호의 변천을 통해서도 살필 수 있다. 즉 〈울주천전리각석〉에 539년 새겨진 추명追銘에서 찾을 수 있는 '무즉지태왕另卽知太王', 535년 새겨진 을묘명乙卯銘에 나오는 '성법흥대왕聖法興大王'이 전하는 것에서 알 수 있듯이 530년대부터 신라의 왕호는 왕 가운데 으뜸 왕이란 의미인 매금왕 대신에 대왕大王 또는 태왕太王으로 바뀌었다. 이처럼 국왕이 특정 부의 대표라는 위상을 극복하고 명실상부하게 국가 전체를 대표하는 초월적인 권력자의 위상을 지니게 되면서 인명 표기에서 국왕의 소속 부를 기재하는 관행도 사라졌다. 530년대 국왕의 위상 변화, 그리고 표기상의 변화는 국왕이 바로 각 부의

울주천전리각석 을묘명 '성법흥대왕' 부분   을묘년은 법흥왕 22년(535)에 해당한다. 을묘명은 이해 8월 4일 성법흥대왕 시절에 도인道人 비구승比丘勝 안급이安及以와 사미승沙彌僧 수내지首乃至, 거지벌 촌居伐村의 중사衆士 등이 보고 기록했다는 내용이다. 을묘명을 통해 법흥왕이 시호諡號가 아니었 고, 535년 무렵에 국왕을 매금왕寐錦王이 아니라 '대왕大王'이라고 불렀음을 알 수 있다.

자율성을 부정하고 그 지역을 왕경의 행정 구역 단위로 재편한 것과 직결된다. 즉 6부의 성격에 변화가 있었고, 나아가 6부 체제를 극복했다는 의미와 통한다. 신라는 이 무렵을 전후해 4세기 말부터 추진해 온 지방의 영역화 작업을 마무리지었다.

414년에 건립된 〈광개토대왕릉비〉를 살펴보면 수묘인연호守墓人烟戶 가운데 '신래한예新來韓穢' '-한韓', '-성한城韓', '-성한예城韓穢' 등을 찾을 수 있다. 이들은 본래 백제의 영역 안에 포괄되었음에도 백제인이 아니라 여전히 한韓이나 예穢라는 종족명을 칭하고 있다. 이러한 기록에서 5세기 전반까지 백제 국가가 중앙 집권적인 지배 체제를 완비하지 못하고, 지방의 한이나 예 집단의 자율성을 보장하며 지배했음을 살필 수 있다. 백제는 어느 시기부터 지방을 22담로擔魯로 구분하고, 거기에 왕의 자제와 종족들을 파견했다. 담로에 파견된 지방관을 왕王·후侯라고 불렀는데, 《위서魏書》〈백제전〉에 개로왕대에 그의 사위인 여례餘禮가 불사후弗斯侯를 칭했다고 전하고, 그 이후에도 왕이나 후를 칭하는 존재가 중국 사서에 여럿 전하므로 담로를 파견하기 시작한 시기는 개로왕대로 봄이 옳을 듯싶다. 그런데 고구려나 신라의 경우, 부를 왕경의 행정 구역 단위로 재편함과 동시에 지방을 영역화하고, 거기에 지방관을 파견해 직접 지배를 실현했다. 따라서 담로제(왕·후제)의 실시, 다시 말하면 지방 통치 조직의 정비는 바로 백제 5부의 성격 변화와 직결되었다고 말할 수 있다.

집권적 정치 체제의 성격과 운영

삼국 중반기 정치 체제의 변동, 다시 말하면 부 체제의 해체 과정은 각 부의 지배 세력을 국왕 중심의 일원적인 관등 체계에 편제시키는 것과 궤를 같이해 진행되었다. 고구려 초기에는 국왕뿐만 아니라 각 부의 대표를 포함한 대가들도 사자, 조의, 선인을 둘 수 있었다. 또 국왕은 부의 대표나 지배층에게 패자沛者, 우태優台란 관등을 수여했다. 이처럼 고구려 초기의 관등 체계는 다원적이고 중층적인 성격을 지녔다. 그런데 《삼국사기》〈고구려본기〉를 보면 2세기 후반부터 국도國都의 방위명 부를 관칭한 관리들이 대사자, 구사자九使者, 소형小兄 등의 관등을 받았음을 알 수 있다. 여기서 구사자는 대사자大使者의 오기 또는 태대사자의 다른 표기로 이해된다. 대사자, 구사자, 소형 등은 모두 고구려 초기의 관등이 아니었다. 2세기 후반에 고유명 부의 지배층을 국도의 방위명 부로 이주시켰는데, 이때 그들을 편제하는 새로운 관등 체계를 정비한 것으로 보인다. 그에 관한 구체적인 내용은 중국의 사서인 《주서》〈고려전〉에 전한다. 이에 따르면 고구려에 대대로大對盧, 태대형太大兄, 대형大兄, 소형, 의사사意俟奢, 오졸烏拙, 태대사자太大使者, 대사자, 소사자小使者, 욕사褥奢, 예속翳屬, 선인仙人, 욕살褥薩 등의 관등이 있었다고 한다. 여기서 욕살은 지방관을 가리키는 것이므로 관등으로 보기 어렵다. 한편 의사사는 상위사자上位使者, 오졸은 주부主簿, 욕사는 발위사자拔位使者, 그리고 예속은 제형諸兄의 다른 명칭이다. 《주서》〈고려전〉에 전하는 관등들은 고구려가 어느 시기엔가 사자류와 형류의 관등을 중심으로 새로이 관등 체계를 정비했음을 전제하는 것이다.

254년(중천왕 7)에 비류沸流 패자 음우陰友가 국상國相에 임명되었는데, 이것이 패자에 관한 마지막 사례에 해당한다. 음우는 271년(서천왕 2)에 사망했다. 이때까지 음우의 관등은 패자였을 가능성이 높다. 그 후에 그의 아들 상루尙婁가 국상에 임명되었다가 294년(봉상왕 3)에 사망했다. 뒤를 이어 남부南部 대주부大主簿 창조리倉助利가 국상에 임명되었다. 상루의 관등이나 소속 부에 관한 기록이 없지만, 아버지 음우의 관직을 그대로 물려받은 것으로 보아 비류부 소속이면서 패자의 관등을 받았다고 추정된다. 패자란 관등이 3세기 후반까지 존재했으므로 《주서》에 전하는 관등 체계는 그 무렵을 전후한 시기에 체계적으로 정비되었다고 볼 수 있다.

새로운 관등을 받은 관리들은 한결같이 방위명 부에 소속했던 것이 특징이다. 또한 《주서》에 대가층이 자체적으로 사자, 조의, 선인 등의 관등을 둘 수 있다는 언급이 없는데 이는 4세기 이후에 대가층이 관등을 둘 수 없었음을 반영한 것이다. 2세기 후반 이후에 새로 정비한 관등 체계가 국왕을 정점으로 하는 일원적인 성격을 지녔음을 전해 주는 측면이다. 결국 5부 체제가 해체된 3세기 후반 무렵에 고구려 국왕이 나부 지역을 지방 통치 구역으로 편제하고, 그 지배 세력을 새로운 관등 체계, 즉 국왕을 정점으로 하는 일원적인 관등 체계에 편제시켰다고 정리할 수 있다.

한편 백제의 관등 체계는 16관등으로 이루어져 있다. 《삼국사기》 〈백제본기〉에서는 260년(고이왕 27)에 16관등을 모두 정비했다고 전하나 〈백제본기〉의 초기 기록은 신빙성에 약간의 문제가 있으므로 그대로 믿기 곤란하다. 좌평 이외에 솔류의 관등 기사는 〈백제본기〉 진사왕 3년(387)조부터 보이기 시작한다. 《일본서기》에는 계체 23년 (529)조의 기사에 처음 은솔 관등이 보이고, 554년(흠명천황 15) 2월조의 기사에는 한솔, 나솔, 덕솔, 시덕施德, 고덕固德, 계덕季德, 대덕對德을 받은 관리들이 등장한다. 《일본서기》의 백제 관등 기사들에 주목한다면, 일단 6세기 전·중반에 좌평, 솔과 덕류의 관등 체계는 모두 정비되었다고 말할 수 있다. 그리고 《삼국사기》와 《일본서기》 등의 관등 기사를 종합하면, 좌평, 솔류, 덕류의 관등이 단계적으로 정비되었을 것이라는 추정도 가능하다.

백제 16관등이 모두 전해지는 최초의 중국 사서는 바로 《주서》이다. 《주서》〈백제전〉에는 선정 원년(578)까지의 사실이 기술되어 있다. 이에 의거할 때, 16관등이 완비된 하한은 6세기 후반이라고 말할 수 있겠다. 그 상한과 관련해 문독文督, 무독武督, 좌군佐軍, 진무振武, 극우克虞로 이루어진 무관 계열의 관등들이 어느 시기에 정비되었느냐를 주목해 봐야 한다. 솔과 덕류의 관등과 달리 무관 계열의 관등은 모두 명칭이 한화漢化된 표현이고, 무적武的인 성격을 지닌 것이 특징이다. 종래에는 진무 관등을 송宋 왕조에서 상치常置한 진무장군振武將軍과 관련시켜 이해했는데, 이 견해를 따른다면 진무 관등은 백제가 송 왕조와 교류한 5세기 전반 이후에 설치했다고 볼 수 있다. 특히 개로왕 대에 장군호將軍號 책봉을 송 왕조에게 요청한 점을 감안할 때, 진무를 비롯한 무관 계열의 관등은 5세기 후반에 정비되었을 가능성이 높다고 하겠다. 고이왕대(234~286)부터 좌평, 솔류, 덕류, 무관 계열의 관등을 단계적으로 정비해 5세기 후반에 16관등을 모두 완비했다는 이야기이다. 이처럼 백제는 5세기 후반 개로왕대에 부 체제를 극복하고 왕권 중심의 집권적인 정치 체제를 정비했는데, 이때에 5부의 지배층을 국왕을 정점으로 하는 일원적인 관등 체계에 편제시키면서 16관등을 완비한 것으로 추정된다.

　신라의 일원적인 관등 체계는 17관등제이다. 17관등제가 완비된 시점은 520년(법흥왕 7)이다. 당시 17관등은 크게 간지 계열, 나마 계열, 대사와 그 이하의 하위 관등군으로 구분할 수 있다. 이사금 시기에 존재한 관등에 대해서는 정확하게 알기 힘들다. 다만 국왕과 간지를 칭한 부나 '부내부' 예하에 일벌壹伐, 일척一尺, 해척海尺(波珍尺), 아척阿尺, 일길壹吉 모두 또는 그 가운데 일부 관등이 설치되었을 것으로 짐작된다. 마립간 시기에 국왕 중심의 관등 체계를 정비해 나가는 과정에서 급간지及干支(居伐干支)와 사간지沙干支를 가장 먼저 설치하고, 그 후에 단계적으로 또는 한꺼번에 일길간지壹吉干支, 아간지阿干支, 파진간지波珍干支, 일간지壹干支(伊干支), 일벌간지壹伐干支와 나마奈麻 관등을 증설한 것으로 보인다.

　520년 무렵에 잡간지迊干支, 대아간지大阿干支, 대나마大奈麻, 대사와 그 이하의 하위 관등을 더 설치해 17관등 체계를 완비했는데, 이때 하위 관등은 주로 실무직에 종사하던 존재들을 관등 체계에 편제하면서 새로 설치한 것으로 이해된다. 아마도 신라 정부는 하위 관등을 정비할 때에 다분히 고구려 관등의 기본을 이루는 사자, 형兄, 조의, 선인을 염두에 두고 대사大舍, 소사小舍 길지吉之, 대오大烏, 소오小烏, 선저지先沮知 등의 하위 관등을 설치했을 가능성이 높다. 520년 무렵에 국왕의 정치적 영향력이 더욱 증대되면서 행정 실무를 맡아보는 관리들의 증원이 필요해졌고, 또한 지방의 영역화 작업이 진전되면서 지방민을 통치하는 관리도 증원해야 했으므로 관등의 증설이 제기되었던 것으로 보인다. 나마 계열과 하위 관등군의 단계적인 증설 과정은 바로 각 관등군까지 승진할 수 있는 신분층의 형성 과정과 궤를 같이해 진행되었다고 알려졌다.

그런데 520년 무렵 17관등 체계에 편제된 사람들은 훼부와 사훼부인에 한정되었다. 6부의 지배층을 모두 17관등 체계에 편제한 시기는 부의 성격이 단위 정치체에서 왕경의 행정 구역 단위로 바뀐 530년대였다. 즉 본피부(진지부) 등의 지배 세력을 국왕의 신료로 편제하면서 그들에게 17관등을 수여했다고 이해된다. 이때 지방의 지배 세력들은 17관등 체계의 편제 대상에서 제외되었는데, 그들은 별도로 외위의 관등 체계에 편제했다. 간干 계열과 일벌一伐 등의 외위 관등이 체계적으로 나오는 최초의 금석문이 〈울진봉평신라비〉다. 이는 520년(법흥왕 7) 17관등 체계를 정비할 때에 동시에 외위의 관등을 설치했음을 엿보게 해 준다. 참고로 외위에는 악간嶽干, 술간述干, 고간高干, 귀간貴干, 찬간撰干, 상간上干, 하간(또는 간), 일벌, 일척, 피일, 아척이 있었다. 결국 6부 체제의 해체 과정에서 6부의 지배층은 경위, 즉 17관등 체계에, 지방의 지배 세력은 외위 체계에 편제함으로써 신라의 모든 지배층을 국왕을 정점으로 하는 일원적인 관위 체계에 편제시켰다고 정리할 수 있다. 이때에 권력은 국왕에게 집중되었고, 모든 관리는 그에게 관등을 받은 신료로서의 성격을 지니게 되었다. 이처럼 국왕이 권력의 정점에 위치하고, 모든 관료가 그와 개별적으로 주종 관계를 맺은 단계의 정치 체제를 왕권 중심의 집권적 정치 체제라고 정의할 수 있다.

부 체제 해체 후에도 합의제에 기초한 국정 운영의 전통은 강하게 유지되었지만, 그 방식은 부 체제 단계와 차이가 있었다. 신라의 경우, 530년대 부 체제 해체 이후 화백 회의의 주요 구성원은 6부 대표에서 국왕으로부터 관등을 받은 대등들로 바뀌었다. 화백 회의는 통상 상대등이 주재했고, 거기에서 결정된 사항을 국왕에게 상주上奏하면 그는 교시의 형태로 공표했다. 물론 필요한 경우에 국왕이 화백 회의를 주재하기도 했으며, 거기에서 결정된 사항은 국왕 단독 명의의 하교로 공표되는 것이 일반적이었다. 이렇게 신료들이 합의한 사항을 국왕이 교시를 통해 공표하는 방식을 기초로 국정을 운영하면서 희생의례는 정치적 기능을 상실하게 되었다.

신라 중고기에는 화백 회의에서 합의된 사항을 실무적으로 집행하는 중앙의 행정관서가 체계적으로 정비되지 않아서 대등들이 직무를 분담해 결정 사항을 실행에 옮겼다. 품주의 차관인 전대등典大等, 소경의 장관인 사대등仕大等, 군주軍主를 보좌해 주의 행정을 총괄했다고 추정되는 주행사대등州行使大等 등이 바로 직무를 분담해 처리한 대등에 해당한다. 이때 상대등이 국정을 총괄하는 집정자로서 국왕의 통치를 보좌했다. 중앙의 행정관서는 651년(진덕여왕 5)에 나름대로 체계를 갖추었고, 통일기인 신문왕대(681~692)에 완비되었다. 이러면서 화백 회의의 결정 사항은 집사부를 비롯한 중앙의 행정관서에서 집행했다. 한편 당시에 화백 회의의 구성원은 대등에서 재상으로 대체되었고, 상대등 대신 상재상上宰相이 그것을 주재하면서 국정을 총괄하는 집정자의 위상을 지녔다.

고구려의 경우도 5부 체제의 해체와 더불어 국정 현안을 논의하는 회의의 구성원 역시 5부 대표 대신 국왕의 신료들로 대체되었을 것이다. 대대로가 그것을 주재했을 것으로 추정되며, 구체적인 국정 운영 방식은 530년대 이후 신라와 크게 차이가 없었을 것이다. 부 체제 해체 후 백제의 국정 운영 방식 또한 크게 다르지 않았을 것으로 추정된다. 백제에서 국정을 논의하던 장소로서 남당南堂과 정사암政事巖이 전한다. 남당에서 개최된 회의는 국왕이 주재했으며, 사비시대에 정사암 회의의 구성원은 상좌평上佐平, 중좌평中佐平, 하좌평下佐平을 비롯한 국왕의 신료였고, 상좌평이 그것을 주재했음을 시사하는 자료가 전한다.《일본서기》흠명천황欽明天皇 4년(543) 12월조에는 다음과 같은 기록이 전한다. 성명왕聖明王(성왕)이 왜 천황의 조서를 군신들에게 널리 보이며, "조칙이 이와 같으니, 어찌하면 좋겠습니까"라고 물었다. 이에 상좌평 사택기루沙宅己婁, 중좌평 목협마나木劦麻那, 하좌평 목윤귀木尹貴, 덕솔 비리막고鼻利莫古, 덕솔 동성도천東城道天, 덕솔 목협매순木劦昧淳, 덕솔 국수다國雖多, 덕솔 연비선나燕比善那 등이 함께 의논한 다음, 합의 사항을 왕에게 상주하니, 성명왕이 "군신群臣들이 의논한 바가 심히 과인의 생각과 같습니다"라고 말하면서 수용했다. 이 회의에서 신료들이 합의한 사항을 상좌평이 국왕에게 상주하면, 국왕은 교시 형태로 그것을 공표했을 것이다. 사비시대뿐만 아니라 5부 체제 해체 후 웅진시대까지 이와 같은 방식으로 국정을 운영했다고 보인다. 사비시대에 남당이나 정사암 회의에서 결정한 사항을 구체적으로 집행하는 기구가 바로 내관의 전내부前內部·곡부穀部·육부肉部·내경부內掠部·외경부外掠部·마부馬部·도부刀部·공덕부功德部·약부藥部·목부木部·법부法部·후궁부後官部, 외관의 사군부司軍部·사도부司徒部·사공부司空部·사구부司寇部·점구부點口部·객부客部·외사부外舍部·주부綢部·일관부日官部·도시부都市部 등 22부였다.

부 체제 해체 이후 국정 운영 방식의 변화와 더불어 5부나 6부 집단이 공납을 거두면서 종속 집단을 지배하는 통치 구조에도 변동이 발생했다. 그 내용은 지방을 영역화하고, 거기에 지방관을 파견해 직접 지배를 실현하는 것으로 구체화되었다. 고구려는 3세기 후반에 종속 집단을 해체하고, 그들 지역을 지방 통치 구역인 성이나 곡으로 편제해 직접 지배를 실현했다. 이때 중앙 정부는 성이나 곡으로 편제한 지역을 직접 통치하기 위해 수守(또는 수사守使)나 재宰를 파견했다. 수는 주로 국도에서 동해로 방면, 부여 방면, 요동 방면, 한강 유역 방면으로 통하는 교통로상의 거점 지역에 파견하는 것이 원칙이었다. 수와 재 중심의 2단계 지방 통치 조직은 6세기 이후에 욕살褥薩-처려근지處閭近支-누초婁肖를 기본으로 하는 3단계의 지방 통치 조직으로 확대 개편되었다. 욕살은 대성에 파견된 지방관을 가리키며 두만강 유역의 책성柵城, 재령의 한성漢城, 안변의 비열홀比列忽, 부여 국가의 전기 수도였던 북류 송화강 유역의 용담산성, 요동반도의 건안성이 대성에 해당했다. 욕살은 민정권뿐만 아니라 군사를 지휘할 수 있는 권한을 지니고 있었으며 누초가 파견된 몇 개의 성을 거느렸다. 처려근지는 욕살이 파견된 성보다 규모가 작은 성에 파견된 지방관으로서 역시 민정권과 군정권을 아울러 지니고 있었다. 처려근지는 욕살에 영속되지 않았으며 그 예하에 역시 누초가 존재했다. 누초는 욕살이나 처려근지의 예하에 있는 작은 성에 파견된 지방관으로서 그들과 영속 관계에 있었다.

　백제는 5세기 후반에 지방을 담로檐魯로 구분하고, 거기에 왕족이나 귀족, 그들의 자제를 파견해 다스리게 했다. 이때 담로에 파견된 왕의 자제나 종족은 나름대로 자율성을 상당히 유지한 채 담로를 통치했고, 일반적으로 '-왕' 또는 '-후'라고 불렸다. 담로 체제의 정비는 지방의 복속 소국이나 읍락 집단의 자율성을 부정하고 중앙에서 지방관을 파견해 지방에 대한 직접적인 통치를 실현하는 지배 구조의 성립과 직결되었다. 백제가 보다 완결된 지방 통치 체제를 갖춘 시기는 사비시대인데, 이때 백제는 전국을 5방方으로 나누고 그것의 중심인 5방성方城, 즉 고사성古沙城, 득안성得安城, 구지하성久知下城, 도선성刀先城, 웅진성熊津城에 방령方領을 파견했다. 방령은 통상 달솔 이상에서 임명했으며, 군사 700~1200인을 통솔했다. 방 예하에는 6~7개에서 10개 군郡이 영속되어 있는데, 각 군마다 군장 3인을 파견해 다스리게 했다. 군은 보다 효율적인 지방 통치를 위해 담로를 개편한 것이며, 군장은 덕솔 이상에서 임명했다. 군 밑에는 성이 있었고, 거기에 성주나 도사를 파견했다.

신라는 마립간 시기에 지방의 종속 집단에 대한 통제를 한 단계 더 강화하는 한편, 일부 소국이나 읍락 집단을 해체하고 영역으로 편제하기 시작했다. 특히 5세기 후반 고구려의 남침에 대비해 변경이나 전략적 요충지에 산성을 쌓는 과정에서 영역화 작업이 가속화되었다. 지방의 영역화 작업은 대략 6세기 전반에 마무리되었는데, 이와 관련해 종래에는 505년(지증왕 6) 주군현을 획정한 조치를 주군제의 전면적인 시행과 연결시켜 이해했다. 그러나 〈울진봉평신라비〉 등에서 군이라는 명칭이 보이지 않기 때문에 실제로 505년에 주군제를 전면적으로 실시했는지에 대해서는 회의적이다. 금석문상에서 군 명칭은 551년에 건립한 〈명활산성작성비〉에 처음 보인다. 또 《삼국사기》〈신라본기〉에서 553년(진흥왕 14)에 한강 유역을 차지하고 신주新州를 설치했다고 전하는데, 이것은 이미 원신라 지역을 상주上州, 하주下州로 편제한 사실을 전제하는 것이다. 주군제를 전면적으로 실시한 시기와 관련해 530년대에 신라의 핵심 세력이 본피부 등의 지배 세력을 17관등 체계에 편제하고 6부를 왕경의 행정 구역으로 재편했다는 사실이 주목된다. 주군제의 전면적인 실시는 바로 왕경을 제외한 지방을 주·군·촌으로 편제했음을 전제하는 것이다. 따라서 6부의 성격이 단위 정치체에서 왕경의 행정 구역 단위로 바뀐 시점과 주군제를 전면적으로 실시한 시기는 표리 관계를 가진다고 볼 수 있다. 그 시기가 바로 530년대였던 것이다. 즉 주군제의 전면적인 실시는 부라는 단위체를 매개로 지방을 통치하는 지배 구조의 극복과 궤를 같이했다고 볼 수 있다.

신라는 지방의 복속 소국이나 읍락 집단을 해체하고 그곳을 군이나 촌(성)으로 편제했다. 그리고 왕경을 중심으로 전국을 상주와 하주로 나누었고, 한강 유역을 새로 확보한 다음, 그곳을 신주라고 명명했다. 선덕여왕대(632~647)에 신주를 한산주漢山州와 우수주牛首州(수약주首若州)로 나누고, 중고기(514~654) 말·중대(654~780) 초 동해안 지역에 하서주河西州를 설치했으며, 665년(문무왕 5)에 상·하주를 일선주一善州(훗날 사벌주沙伐州로 개칭), 삽량주歃良州, 거열주居烈州(훗날 청주菁州로 개칭)로 나누면서 6주가 성립되었다. 후에 백제 옛 땅에 3주(소부리주所夫里州, 발라주發羅州, 완산주完山州)를 더 설치해서 9주를 완비했다.

중고기에 주의 중심성에 군주를 파견했는데, 주 또는 동해안 지역의 특별 광역 단위의 군정軍政뿐만 아니라 행사대등行使大等 또는 사대등使大等의 도움을 받아 민정民政을 총괄했다. 주 밑에는 군郡을 여러 개 두었고, 군 밑에는 행정촌(성)이 있었다. 군에는 원칙적으로 지방관을 파견하지 않았고, 행정촌(성)에는 당주幢主, 나두邏頭, 도사道使 등을 파견했다. 당주나 나두는 주로 군의 중심지에 파견되었는데, 당주 등은 이른바 행정촌行政村의 민정과 군정을 두루 총괄했고, 또 그들은 군의 촌주 등과 함께 협의해 군의 민정과 군정 업무를 처리한 것으로 이해된다. 이처럼 삼국 중반기에 고구려, 백제, 신라는 외곽에 분포한 복속 소국이나 읍락 집단의 자율성을 부정하고 지방에 대한 직접적인 지배를 실현했는데, 이와 같은 내용의 지배 체제를 중앙 집권적 영역 국가 체제라고 정의할 수 있다.

신분제와  관료제의 운영

삼국의 신분제와 관료제 운영

부 체제 해체 후에 삼국은 모든 지배층을 일원적인 관등 체계에 편제했는데, 이때 삼국의 핵심 지배 세력은 신분제를 정비해 관등 승진에 차별을 두면서 자신들의 정치·사회적 특권을 유지했다. 먼저 고구려의 신분제에 대한 구체적인 정보는 전하지 않는다. 그러나 고분벽화에서 신분에 따라 인물의 크기가 달랐음을 발견할 수 있는데, 고구려에서 신분제가 사회적으로 중요하게 기능했음을 시사해 주는 것이다. 《삼국지》 〈동이전〉 고구려조에 고구려 초기 대가와 주부主簿는 책幘을 머리에 쓰고, 소가는 절풍折風을 썼다는 기록이 전한다. 의관의 착용은 신분과 밀접한 관련이 있으므로 위의 규정은 초기에 대가와 소가의 신분이 구분되었음을 엿보게 해 주는 자료라고 할 수 있다. 부체제 해체 이후에 대신大臣은 청라관靑羅冠을, 하위 관인은 비라관緋羅冠 또는 강라관絳羅冠을 착용하고 새 깃을 꽂으며, 서인은 변(절풍)을 착용한다고 규정했다. 대신은 고위 관리를 지칭한 것인데, 이와 관련해 토졸吐捽(大對盧), 태대형太大兄(莫何何羅支), 울절鬱折(主簿), 태대사자太大使者(謂奢), 조의두대형皂衣頭大兄(中裏皂衣頭大兄) 등이 기밀 사무를 관장하고 형사刑事를 의논하고 병사를 징발하며 관작을 수여할 수 있는 권한을 가진다고 언급한 《한원》 〈고려기〉의 기록이 주목된다. 이것은 조의두대형 이상의 관리들이 합의를 통해 국정을 운영했음을 전해 주는 기록으로, 이를 통해 진골만이 대아찬 이상의 관등에 승진할 수 있으며 장관급에 임명시켜 국정 운영에 적극 참여케 한 신라와 마찬가지로 고구려에서도 신분에 따라 관등이나 관직의 승진을 제한했음을 추측할 수 있다. 고위 관리, 하위 관인과 서인이 착용하던 관이 각각 달랐다는 것을 통해 신분에 따라 의관에 차별을 두는 전통이 있었음을 알 수 있다.

백제의 신분제에 대해서는 관등제 운영 양상을 통해 추적할 수 있다. 16관등 가운데 좌평은 정원이 5명이고, 달솔은 정원이 30명이었다. 은솔과 그 이하 관등에는 특별하게 정해진 정원 규정이 없었다. 이러한 규정을 통해 좌평, 달솔, 은솔 사이에 무엇인가 커다란 간극, 즉 좌평, 달솔, 은솔까지 승진할 수 있는 신분이 별도로 존재했음을

장하독과 묵서명 357년(고국
원왕 27)에 조영된 안악 3호분
전실前室 서벽 오른쪽에 장하
독帳下督 그림이 있고, 그 위에
묵서명이 있다. 묵서명은 영화
永和 13년, 즉 357년 10월 26일
에 유주幽州 요동군 평곽현平郭
縣 도향都鄕 경상리敬上里 출신
으로서 사지절使持節 도독제군
사都督諸軍事 평동장군平東將軍
호무이교위護撫夷校尉이며 낙
랑상樂浪相인 창려昌黎·현토玄
菟·대방태수帶方太守·도향후都
鄕侯인 동수冬壽가 나이 69세에
사망했다는 내용이다. 안악 3
호분의 묘주墓主에 대하여 중
국에서 고구려로 망명한 동수
로 이해하는 견해, 미천왕, 고
국원왕으로 보는 견해가 제기
되었다. 장하독은 동수 또는 고
구려왕 휘하에 있었던 무관을
가리킨다.

왕회도에 그려진 삼국 사신의 모습 　 중국 양梁 소역蕭繹이 그린 〈양직공도梁職貢圖〉를 바탕으로 당 엽입본閻立本이 그린 백제, 고구려, 신라 사신 그림이다. 고구려 사신은 관에 새의 깃털을 꽂고 있는 것이 특징적이다. 사신 그림을 통해서 6세기 삼국 관리의 복식을 엿볼 수 있다. 〈왕회도〉는 대만臺灣 국립 고궁박물관에 소장되어 있다.

추측해 볼 수 있다. 이와 관련해 백제 말 무장인 흑치상지의 사례에 주목할 수 있다. 그의 가문은 대대로 달솔이 되었고, 그 또한 지적地籍, 즉 가문의 신분에 따라 스무 살이 되기 전에 달솔을 제수받았다는 내용이 흑치상지 묘지명에 전한다. 이 자료는 신라와 마찬가지로 백제에서도 신분이 가문별로 세습되었고, 신분에 따라 일정한 관등 이상으로 승진할 수 없다는 규정이 있었음을 알려 주는 증거이다. 좌평과 솔류 관등은 자의紫衣, 덕류 관등은 비의緋衣, 무관 계열 관등은 청의靑衣를 착용할 수 있다는 공복 규정 역시 백제에서도 신라와 마찬가지로 신분제와 관등제를 유기적으로 연관시켜 운영했음을 전해 주는 또 다른 자료로 볼 수 있다. 한편 왕도王都 5부의 장 및 5방의 책임자인 방령에는 달솔 이상이, 군의 책임자인 군장郡將에는 덕솔 이상이 임명되었다고 한다. 이와 같은 규정은 백제에서도 관직에 따른 관등 규정을 마련했음을 연상케 한다.

신분제와 관등제를 유기적으로 연관시켜 운영한 구체적인 사례는 신라에서 가장 명확하게 살필 수 있다. 중고기 왕경 6부인 가운데 핵심 지배층은 진골이었다. 마립간 시기 훼부와 사훼부 소속의 왕족들과 모량부(잠훼부) 소속 박씨왕의 후예들, 그리고 가야의 왕족이 진골에 속했다. 진골들은 나머지 왕경 6부의 지배 세력들을 몇 개의 신분층으로 편제해 자신들과 분명하게 구별하고, 나아가 그에 기초해 정치·사회적인 특권에 차별을 두는 방향의 제도적 장치를 강구했다. 전자는 이른바 골품제의 확립으로 귀결되었고, 후자는 골품에 따라 관등과 관직의 승진에 제한을 두거나 일상생활을 규제하는 법제적 명문 규정을 정비하는 것으로 구체화되었다.

신라는 520년(법흥왕 7)에 훼부와 사훼부의 지배 세력을 중심으로 17관등 체계와 신분제를 함께 정비했다. 그러나 520년 무렵에 정비된 신분제는 훼부와 사훼부의 지배 세력 가운데 대사를 포함한 하위 관등, 나마 계열, 간지 계열의 관등까지 승진할 수 있는 그룹은 각각의 신분층으로 묶는 작업에 기초한 것으로, 6부의 모든 지배층을 망라한 신분제는 아니었다. 530년대 이후에 6부의 모든 지배층을 망라하는 신분제가 정비되었는데, 이때 훼부와 사훼부의 최고 신분층은 여타 부의 지배층을 신분적으로 차별했다. 530년대 이전까지 본피부 등의 대표들은 간지를 칭했으므로 그들은 530년대에 국왕으로부터 간지 계열의 관등을 수여받았을 것이다. 〈창녕진흥왕순수비〉(561)를 보면 본피부인으로서 급척간 관등을 보유한 인물이 나와 있다. 또한 중고기에 모량부(잠훼부)의 박씨족인 박영실朴英失이 각간角干 관등을 가졌던 경우도 있다. 그런데 모량부 박씨족 외 나머지 4부의 지배 세력 가운데 대아찬 이상의 관등을 보유한 인물들은 중고기의 금석문이나 사서에 전혀 보이지 않는다. 반면에 〈진흥왕순수비〉 등 금석문에 등장하는 인물 가운데 대아찬 이상의 관등을 보유한 경우는 한결같이 훼부와 사훼부인이다. 이러한 현상은 530년대 이후에 훼부와 사훼부의 최고 신분층, 즉 진골들이 이사금 시기 왕족인 모량부 박씨족 외에 여타 다른 부의 지배 세력들을 진골 신분에 편입시켜 대우하지 않았던 현실을 반영한 것으로 보인다.

훼부와 사훼부의 핵심 지배 세력인 진골들은 관등제 운영상에서도 본피부 등의 지배 세력들과 자신들을 구별할 수 있는 법제적인 규정을 마련했다. 그것이 바로 진골 신분만이 대아찬 이상에 승진할 수 있다는 규정이었다. 이에 따라 간지 계열의 관등을 받았으면서도 대아찬 이상으로 승진이 불가능한 하나의 신분층이 새로이 생성되었는데, 6두품이 바로 그것이다. 물론 훼·사훼부의 지배 세력으로서 왕족이 아닌 사람들도 6두품이나 그 이하의 신분에 편제되었을 것이다. 결국 진골, 6두품, 5두품, 4두품의 법제적인 신분층을 기반으로 하는 골품제는 간지 계열까지 승진이 가능한 그룹 가운데 대아찬 이상까지 승진할 수 있는 신분층인 진골과 그렇지 못한 신분층인 6두품이 뚜렷하게 법제적으로 구분되는 시점에 확립되었다고 말할 수 있는데, 그 시점은 당의 의관제衣冠制를 전면적으로 수용해 새롭게 자紫·비緋·청靑·황색黃色의 공복을 제정한 649년(진덕여왕 3) 무렵으로 추정된다.

한편 신라는 진덕여왕대(647~654)에 관제冠制 규정을 새로이 정비했다. 그 내용은 '이찬과 잡찬은 금관錦冠을, 파진찬, 대아찬과 금하衿荷는 비관緋冠을, 상당上堂, 대나마, 적위赤位, 대사大舍는 조영組纓을 착용한다'는 것이었다. 관제 규정은 관리들이 국가의 공식 행사에 참여할 때, 서열에 따라 착용하던 관의 내용을 가리키는 것이기 때문에 이를 통해 관료제 운영의 일면을 엿볼 수 있다. 여기서 금하와 상당, 대나마, 적위, 대사는 관등이 아니라 관직 명칭이다. 따라서 관제 규정은, 대아찬 이상의 관등을 보유한 관리는 관직의 제수 여부에 상관없이 금관을 착용할 수 있고, 아찬과 그 이하 관등을 보유한 경우는 금하, 상당, 대나마, 적위와 대사 관직에 임용된 경우에만 비관이나 조영을 착용할 수 있다는 내용으로 해석된다. 이를 통해 대아찬 이상의 관등을 보유한 사람들은 관직의 제수 여부에 상관없이 관리로서 대우받았고 반면에 아찬과 그 이하 관등을 보유한 사람들은 금하나 상당,

● 관등에 따른 신라의 관복 구분

관유		의관 구분		두품
1	이벌찬伊伐湌	금관	자복	진골
2	이찬伊湌			
3	잡찬迊湌			
4	파진찬波珍湌			
5	대아찬大阿湌			
6	아찬阿湌	관직을 가진 경우만 비의 또는 조영	비복	6두품
7	일길찬一吉湌			
8	사찬沙湌			
9	급벌찬級伐湌			
10	대나마大奈麻		청복	5두품
11	나마奈麻			
12	대사大舍		황복	4두품
13	사지舍知			
14	길사吉士			
15	대오大鳥			
16	소오小鳥			
17	조위造位			

도용 문관상 경북 경주시 용강동 고분에서 발견된 문관 도용이다. 둘 다 복두를 착용하고, 관복을 입은 것으로 보인다. 이 도용들을 통해 통일신라시대 문관의 공복을 엿볼 수 있다.

대나마, 적위, 대사 관직에 임용된 경우에 한해 관리로서 대우받았음을 알 수 있다. 이것은 진덕여왕대에 관등과 관직의 이원적인 기준을 바탕으로 관료제를 운영했음을 반영하는 것이다. 이때부터 관직에 대한 관위 규정을 서서히 정비하기 시작해 신문왕대에 이르러 완비했음을 확인할 수 있다.

관등과 관직의 이원적인 기준에 입각해 관료제를 운영한다는 원칙을 마련하기 이전에 신라는 소속 부나 신분을 우선적으로 고려해 관리를 선발하거나 승진시켰던 것으로 보인다. 중고기 금석문에 등장하는 대등大等과 군주, 당주幢主, 사대등, 도사道使나 나두邏頭 등의 소속 부를 조사하면, 절대 다수가 훼부와 사훼부 소속임을 확인할 수 있다. 이것은 당시에 소속 부를 고려해 관리를 등용했던 현실과 관련이 깊다. 게다가 《삼국사기》〈설계두열전〉에 진평왕대(579~632)에 설계두薛罽頭가 "신라에서는 사람을 쓰는데, 골품을 따지므로 정말 그 족속族屬이 아니면 비록 큰 재주와 뛰어난 공功이 있더라도 한도를 넘지 못한다"라고 언급했다고 나오는데 이는 당시에 관리를 선발하거나 승진시킬 때에 신분도 중요하게 고려했음을 전해 주는 자료이다. 실제로 중고기에 고위 관리인 대등大等에 대나마와 나마를 임명한 사례는 진덕여왕대(647~654) 이전에 관등의 서열을 무시하고 신분을 더 중시해 관리를 선발하거나 승진시켰음을 증명해 주는 결정적인 증거 자료이다.

신라는 530년대에 17관등제와 신분제를 다른 여타의 부인들에게 확대 적용하는 과정에서 훼부와 사훼부의 핵심 지배 세력, 즉 진골들의 정치적·신분적 기득권을 그대로 유지하려고 의도했다. 이 때문에 중고기 관리 임용에서 관리들의 관등 서열보다 소속 부나 신분 등의 요소를 더 중요하게 고려했던 것으로 보인다. 더욱이 중고기에 신분 또한 소속 부에 따라 차별을 두었으니, 궁극적으로 소속 부에 따라 정치적 진출이나 신분상에서 차별을 두었다고 할 수 있다. 530년대 이후에도 관리들이 어느 부에 소속하느냐 하는 문제가 중요한 관심사일 수밖에 없었고, 그에 따라 관리들이 인명에서 계속 소속 부를 표기하는 관행이 지속되었던 것이다. 특히 6부인 가운데서도 훼부와 사훼부 소속의 핵심 지배 세력들은 여러 가지 특권을 가졌으므로 그들은 인명에서 소속 부를 반드시 표기해 다른 부인들과 차별하려고 의도했을 것이다.

통일신라기의 골품제와 관료제 운영

신라는 진덕여왕대에 골품제를 체계적으로 정비하면서 골품에 따라 관등과 관직의 승진에 제한을 두는 법제적인 규정을 마련하기 시작했을 뿐만 아니라 그것에 따라 일상생활의 여러 측면을 규제하는 규정도 점차 만들기 시작했다. 골품에 따른 여러 규정들은 대략 신문왕대에 모두 완비된 것으로 보인다. 특히 신문왕대에 관직에 대한 관등 규정을 마련한 것은 나름대로 관등의 서열을 중시해 관료제를 운영하겠다는 의지의 표현이었다. 그러나 이러한 관등 규정은 신분제 운영의 규제를 받았으며, 나아가 왕경 6부인의 후예인 골품 신분만을 관리로 선발하던 전통 자체에 근본적인 변동은 나타나지 않았다.

진덕여왕대에 골품 신분에 편제된 사람들은 왕경 6부의 지배 세력에 한정되었을 뿐이고, 외위外位를 받은 지방의 지배 세력들은 거기에서 배제되었다. 그러다가 674년(문무왕 14)에 외위를 폐지하고 경위로 관등을 통일했는데, 이는 경위京位와 외위라는 이원적 관등제의 운영을 통해 왕경인과 지방민을 정치적으로 차별 대우하던 제도의 철폐를 의미하는 것이다. 또 673년에 백제의 지배 세력에게 본국의 관위에 맞추어 경위와 외위를 수여하고, 686년(신문왕 6)에 고구려, 특히 보덕국인報德國人에게는 본국의 관위에 맞추어 17관등을 수여했다. 여기서 문제는 경위를 받은 원신라의 지배 세력이나 고구려·백제의 지배층을 골품 신분에 편제시켰느냐의 여부이다.

834년(흥덕왕 9) 골품에 따른 의복, 거기車騎, 기용器用, 옥사屋舍에 관한 규정을 재정비할 때에 진촌주眞村主와 차촌주次村主를 각기 5두품과 4두품에 준하도록 한다고 규정했다. 촌주들은 5두품이나 4두품 신분이 아니라 그에 준하는 규정을 적용받았던 것이다. 이처럼 834년(흥덕왕 9)에 촌주들이 골품 신분이 아니었으므로 674년에 경위를 받은 지방의 지배 세력들도 골품 신분에서 배제되었다고 보는 편이 타당할 듯하다. 고구려나 백제 지배층의 경우는 사정이 비교적 복잡한 편이다. 660년(무열왕 7)에 신라에 항복한 좌평 충상忠常·상영常永, 달솔 자간自簡에게 일길찬 관등을 수여하고, 그들을 총관摠管에 임명했다. 그리고 은솔 무수에게는 대나마 관등을 수여하고 대감大監을, 은솔 인수에게는 대나마 관등을 수여하고 제감弟監을 제수했다. 이후 661년에 충상은 대당大幢의 부장군副將軍에 임명되었고, 이어 같은 해에 문무왕이 즉위한 다음에 충상은 상주총관上州摠管에, 자간은 하주총관下州摠管에 임명되었다. 또 같은 해에 백제인 달솔 조복助服과 은솔 파가波伽가 무리를 거느리고 신라에 항복하자, 전자에게는 급찬의 관등과 고타야군태수古阤耶郡太守를 제수했고, 후자에게는 급찬의 관등과 더불

156

어 전택田宅, 의복을 사여했음이 《삼국사기》 〈신라본기〉에서 확인된다. 한편 683년에 보덕국왕 안승安勝에게 김씨 성과 아울러 소판蘇判 관등을 사여했다. 여기에 언급된 사람들은 비교적 고위 관직에 임명되었거나 고위 관등을 받았으므로 이들 대부분은 진골이나 6두품 신분에 편입되었을 가능성이 매우 높다고 볼 수 있다. 이러한 추정은 532년(법흥왕 19)에 신라에 항복한 금관국金官國의 왕족들, 즉 김무력이나 김유신 등을 진골로 대우한 사례를 통해 뒷받침할 수 있다.

그러나 고구려나 백제 유민이 고위 관직을 받았거나 골품 신분에 편입된 사례를 전하는 기록은 단지 위에서 든 경우뿐이다. 이 가운데 안승은 분명하게 진골 귀족으로 편제된 것이 확인된다. 한편 백제인들의 활동 내용은 661년 이후의 기록에서 찾을 수 없는데, 이것은 그들이 배척당했기 때문으로 보인다. 원신라인으로 지방의 지배 세력 후예에 해당하는 촌주들도 골품 신분에 편입되지 못하고 그에 준하는 대우를 받았다. 이 밖에 늦어도 759년(경덕왕 18) 이전에 건립된 〈황복사비皇福寺碑〉의 비편碑片에 '나마奈麻 신김계新金季'란 관리가 보인다. 872년(경문왕 12)에 작성된 황룡사 9층 목탑 사리함기인 〈찰주본기〉에 목탑을 중수重修할 때에 성전成典의 적위赤位에 대나마 신김현웅新金賢雄이, 청위靑位에 나마 신김평금新金平衿이 임명되었다고 전한다. 924년(경명왕 8)에 건립된 〈봉림사진경대사탑비鳳林寺眞鏡大師塔碑〉에서 진경대사의 속성俗姓은 신김씨新金氏로 그 선조는 임나任那(금관가야) 왕족이며, 원조遠祖는 흥무대왕興武大王(김유신)이라고 했다. 이는 늦어도 경덕왕대부터 금관가야 왕족의 후예들을 전통적인 김씨 왕족의 후예들이 그들과 차별해 신김씨新金氏라고 불렀음을 알려 주는 자료들이

643(선덕여왕 12)
당 유학 후 귀국한 자장慈藏, 황룡사 9층
목탑 건조 요청.

645(선덕여왕 14)
황룡사 9층 목탑 완공.

1238(고종 25)
몽골의 침략으로 탑과 절의 전각 전소.

황룡사 9층 목탑 찰주본기   〈찰주본기〉는 경북 경주시 구황동 황룡사 터 9층 목탑지의 심초석에 시설된 사리공 안에서 발견되었
다. 경문왕 12년(872) 황룡사를 중창한 다음에 그에 관한 내용을 기술했다. 신라 하대 불교계의 동향, 정치 제도와 정치사 연구에 귀
중한 자료가 되고 있다.

다. 이처럼 통일기에 김유신 후손조차 차별받았음을 참조하건대, 고
구려나 백제 유민들을 골품 신분에 편제시켜 우대해 주었을 가능성은
매우 낮아 보인다. 그들 가운데 6두품 이상의 신분에 편제된 경우는
극히 소수였고, 대다수는 원신라의 지방 지배 세력과 같이 골품 신분
에 준하는 대우를 받았을 가능성이 높았을 것이다.

  통일기 신라에 지방의 지배 세력, 고구려와 백제 유민의 대부분을
골품 신분에서 배제시켰음은 당시 관리들의 주축이 왕경 6부인의 후
예로 제한되었음을 전제하는 것이다. 실제로 왕경 6부인의 후예, 즉
골품 신분만을 관리로 등용한 구체적인 실상은 국학 출신자만을 지방
관으로 임명한 사실을 통해서 엿볼 수 있다. 789년(원성왕 5)에 조정에

서 도당 유학생인 자옥子玉을 양근현소수楊根縣小守로 임명하려고 하자, 집사사執事史 모초毛肖가 "자옥이 문적文籍 출신이 아니어서 지방관의 직임을 맡길 수 없습니다"라고 반박한 사례가《삼국사기》〈신라본기〉에 전한다. 여기서 문적은 국학을 가리킨다고 이해되고 있다. 통일기 이전에 활쏘기와 천거薦擧를 통해 관리를 선발하다가 682년(신문왕 2) 국학의 설치와 동시에 그 출신자들을 지방관으로 채용한다는 원칙을 정했음을 유추할 수 있다.

국학의 재학 기간은 통상 9년이었고, 졸업할 때에 보통 학생들의 관위는 나마와 대나마였다고 한다. 이 관등까지 승진할 수 있는 신분층은 5두품 이상뿐이었다. 물론 촌주나 고구려, 백제 유민 가운데 대나마 이상의 관등을 가진 자들도 있었기 때문에 그 자제들도 국학에 입학할 수 있었다고 가정할 수 있지만 당과 고려의 사례를 감안할 때 그러했을 가능성은 희박하다. 당과 고려의 국자감에는 6개 학교가 있었다. 바로 국자國子와 태학太學, 사문四門, 율학律學, 서학書學, 산학算學이다. 국자와 태학, 사문은 주로 유학을 가르치는 학교로서 각 학교의 입학 자격은 부모의 품계나 지위에 따라 차이가 있었다. 율학과 서학, 산학은 기능인을 양성하는 전문학교로서 입학 자격에 별다른 제한이 없었다.《삼국사기》〈직관지〉에 당과 고려의 경우처럼 국학 내에 국자, 태학, 사문과 같은 전문학교를 두었다는 언급은 보이지 않기 때문에 국학 내에 그것들을 별도로 두었다고 보기 어렵다. 국학을 국자감으로 별칭하기도 하고 경덕왕대에는 대학감大學監으로 개칭했음을 참작하면, 신라에서 당 국자감의 태학에 준해 국학을 운영했다고 추정할 수 있다. 고대 일본에서도 초기에 당 국자감의 태학을 모델로 대학을 운영했음이 참조된다.

신라에서 당 국자감의 태학에 준해 국학을 운영했을 가능성이 높다고 할 때, 입학 자격 역시 그것에 따라 정했다고 짐작된다. 당의 국자학에는 문무관 3품 이상 및 국공國公의 아들·손자, 종2품의 증손이, 태학에는 문무관 5품 이상 및 군공郡公·현공縣公의 아들·손자, 종3품의 증손이 입학할 수 있었다. 고려 역시 당과 비슷했다, 이처럼 당과 고려 국자감의 국자학과 태학에 적어도 종5품 이상의 아들·손자만이 입학할 수 있었으므로 신라에서도 국학 입학 자격을 당과 고려의 5품 정도에 해당하는 관리의 자손들로 제한했을 가능성이 높지 않을까 한다. 따라서 국가의 공식적인 관리가 아니었던 촌주의 자제들이 거기에 입학했을 가능성은 희박했을 것이다. 여기다가 고구려, 백제 유민을 골품 신분에서 배제시켰던 실정을 염두에 둘 때, 그 자제들에게 국학을 개방했다고 보기도 힘들다.

국학에서 공부하는 이들이 졸업할 때 받는 관위는 나마와 대나마인데, 대나마 이상의 관등까지 승진할 수 있는 신분층은 6두품과 진골뿐이다. 결과적으로 신라의 국학에는 주로 6두품과 진골의 자제들만이 입학할 수 있었고, 그들이 졸업 후에 지방관에 채용되어 지방민을 다스리는 목민관의 역할을 수행한 셈이 된다. 국학 출신자들을 지방관으로 등용한 현실은 결국 통일기에 6두품과 진골 신분을 주요 관직에 임용했음을 웅변해 주는 것으로 해석할 수 있다. 여러 중앙 관서에서 실무 행정을 담당하던 사史나 사지숨知와 같은 하급 관리의 경우 반드시 국학 출신자들만을 임용하지는 않았을 것이다. 하급 관직의 수가 하급 지방관보다 훨씬 많았을 뿐만 아니라 하급 지방관에 비해 상대적으로 하급 관직은 비교적 낮은 관등을 가진 자도 취임할 수 있었기 때문이다. 《삼국사기》〈직관지〉에서 언급되는 사지는 59명, 사는 454명이며 현령縣令과 소수少守는 모두 합해 286명이라는 내용이 이를 뒷받침한다. 그러나 통일기에는 골품 신분만을 관리로 채용하는 것이 원칙이었기 때문에 그들 역시 4두품 이상의 골품 신분이었을 가능성이 높다. 결론적으로 진덕여왕대에 나름대로 관등과 관직의 이원적인 기준에 입각해 관료제를 운영하는 방향으로 개선하려는 움직임을 보이기는 했다. 그러나 통일신라기에도 철저하게 골품 신분만을 관리로 등용하고, 나아가 골품에 따라 관등이나 관직의 승진을 제한하기까지 했으므로 당시의 관료제 운영 역시 골품제의 규제를 벗어난 것은 결코 아니었다고 정리할 수 있다.

신라 하대에는 진골 귀족 사이에 권력다툼이 격화되면서 골품제에 기초한 신라의 지배 체제가 붕괴되었다. 고려 태조대의 핵심 지배 세력을 조사하면 성씨를 갖지 않은 사람들이 많이 눈에 띈다. 예를 들어서 왕건의 즉위에 커다란 공을 세운 홍유洪儒, 배현경裴玄慶, 신숭겸申崇謙, 복지겸卜智謙의 경우, 다른 기록에서는 홍술弘述, 백옥삼白玉衫(또는 白玉三), 능산能山, 복사귀卜沙貴로 표기했는데, 이는 이들이 처음에 성씨가 없던 인물이었음을 시사한다. 더구나 종래의 연구에 따르면, 태조 왕건조차도 그의 선조들은 성씨가 없었고, 태조 가문이 왕王이란 성씨를 사용하기 시작한 것은 태조 당대였다고 한다. 결과적으로 고려 초기의 지배층 가운데 성씨를 칭하지 못한 사람들은 신라의 골품 신분에서 배제된 원신라의 지방민이나 고구려, 백제 유민의 후예들인 셈이다. 이들이 신라 말기 농민 항쟁에 편승해 폐쇄적인 신분제에 기초한 신라의 지배 체제를 무너뜨리고, 그들이 중심이 되어 새로운 사회를 건설한 것으로 보인다. 고려시대의 핵심 지배층은 본관제本貫制에 기초해 지방에서 확고하게 자기의 세력 기반을 구축한 다음, 그것을 바탕으로 중앙 정계에 진출해 정치적 영향력을 행사했다. 신라의 핵심 지배층이 주로 진골 신분이었던 사실과 극명하게 대비되는 고려 지배층의 모습으로서 유의할 점이다. 이처럼 고려시대에 핵심 지배층의 존재 방식이 달라지면서 골품 신분에 기초한 관료제 운영 역시 완전히 소멸되었음은 물론이다.

—전덕재

고대인들은 사람의 운명은 자신의 의지에 의해서 결정되는 것이 아니라 하늘이나 조상신에 의해 결정된다고 생각했다. 하지만 불교의 수용으로 자신의 업에 의해 현재가 결정되었고 미래도 결정된다는 생각을 하게 했다. 그렇지만 현재가 과거의 업에 의해 결정되었다고 하는 측면이 강조되면서 현실에 대한 불만을 잠재우는 측면도 있어 지배층은 이를 이데올로기화해 통치를 합리화시키기도 했다. 그럼에도 인간의 운명을 하늘이 결정하는 게 아니라 인간이 결정한다는 방향의 전환을 마련해 준 것은 혁명적 전환이었다. 백제인이 만든 칠지도에는 "신세이래 미유차도先世以來 未有此刀"란 글귀가 보이는데 '역사 이래 이런 칼이 없었다'라는 뜻이다. 인간은 하늘의 운명을 극복하고 자신이 만들어가는 역사에 자신감을 갖게 되었다.

정신세계와
지배 이데올로기

하늘에서 인간으로, 신화에서 역사로

신화와 역사의
경계를 넘어

인간의 기억에서 기억으로 전해지는 이야기에는 합리적으로 설명할 수 있는 부분과 신이한 부분이 병존한다. 후자인 '신의 이야기' 는 신화로, 전자인 '인간의 이야기' 는 역사로 구분되지만, 신화 또한 인간에 의해 전승되고 재해석되어 왔기 때문에 결국에는 '인간의 이야기' 라고 할 수 있다.

따라서 신화를 은유나 상상에 의해 전개된 허구에 머무르게 하지 않고 그 안에 숨겨진 인간의 이야기를 끄집어내 역사로 정리할 때, 신화와 역사의 경계를 넘어 확장된 신화의 스케일과 위상은 앞으로 전개될 역사에 동력이 될 수 있다. 그런 의미에서 신화는 역사로의 전진이라고 정의한다.

고조선의 단군신화

고조선은 한국 역사상 최초의 국가다. 따라서 고조선의 건국신화인 단군신화는 한국사 최초의 건국신화가 된다. 단군신화는 고려 충렬왕대(1274~1308) 일연一然이 집필한 《삼국유사》에서 처음으로 언급되는

데, 지금까지 단군신화가 고려 충렬왕대에 이르러 부각된 배경에는 뿌리를 찾아 몽골의 침입에 저항하고자 민족의식을 고취하려는 의도가 있었다고 알려졌다. 그러나 그보다는 송을 중심으로 형성된 중화적 세계 질서가 요遼, 금金, 원元으로 다원화되고 '오랑캐'인 원이 중국을 통일한 국제 정세의 변화가, 고려로 하여금 자신의 역사를 중국과 대등하게 보는 인식의 전환을 가져오게 했다. 즉, 《삼국유사》에 단군신화가 실리게 된 배경에는 원에 대한 저항보다는 원에 의해 변화된 세계 질서에 능동적으로 대처하기 위한 당시 고려의 노력이 있었다고 보아야 한다.

짐승과 사람이 자연스럽게 결합하는 단군신화의 고대적 요소를 감안하면 신화의 성립 시기는 《삼국유사》가 집필된 원 간섭기 당시보다는 고조선 당대에 이미 성립되어 구전되다가 《고기古記》라는 형태로 전해진 후 《삼국유사》에 실렸다고 볼 수 있다. 《삼국유사》 고조선조에서 《고기》를 인용해 고조선의 시조인 단군왕검의 탄생을 서술한 단군신화의 내용에 따르면 환인의 아들 환웅이 지상 세계에 뜻을 두고 태백산 신단수에 내려와 신시를 열자 곰과 범이 환웅을 찾아와 사람이 되기를 원했는데, 그중 곰이 사람으로 화化해 환웅과 혼인해 단군을 낳았다고 한다. 곰이 사람이 되고 신인 환웅과 결합하는 등 짐승과 사람과 신이 서로 감응할 수 있다는 모티프는 중세(고려)에서 나왔다고 보기는 어려운 고대적 문화 요소다.

곰이 사람으로 화해 사람으로 화한 신과 결합하는 내용의 단군신화는 곰 토템의 신석기 세력이 환웅의 청동기 세력에 의해 통합되는 과정을 은유한다. 또한 환웅이 거느리고 온 풍백, 우사, 운사나 환웅이 곡식의 일을 맡았다는 내용에서는 농업 사회의 측면을 짐작할 수 있고 형벌이 언급된 부분은 고조선이 계급 사회였음을 의미한다. 환웅의 아버지인 '환인'의 의미를 '환한 님', 즉 해[日]로 해석하면 조선이 태양신 숭배 사상을 가졌다고 볼 수 있고, 태백산 신단수로 내려온 부분이나 단군이 산신山神이 되었다는 내용에서는 산신 신앙이나 수목 신앙을 볼 수 있다. 이처럼 단군신화에 나타난 신앙과 군주가 혼재된 제정일치적인 모습은 제사장과 임금의 의미를 동시에 갖고 있는 '단군왕검'이라는 이름에도 잘 나타나 있다.

단군신화의 성립과 관련해서 그 시기를 앞당기는 자료로 고구려 고분벽화 각저총角抵塚이나 중국 산동성山東省의 무씨사당武氏祠堂 화상석畵像石이 거론되고 있다. 한편 단군신화에서 찾을 수 있는 불교적 요소에 주목해 신화의 성립 시기를 추정하기도 한다. 대표적 예로 하늘의 신이자 환웅의 아버지인 환인桓因을 꼽는다. 일연 또한 환인을 제석帝釋(제석천)으로 풀었다. 인도 신화의 최고신이자 불교의 수호신인 제석천, 즉 'śakro devānām indraḥ'은 '석가제환인드라釋迦提桓因陀羅'로 음역되며 석제환인釋提桓因이라고 줄여 부르기도 한다. 여기서 'śakro[釋迦]'의 뜻은 '능能', 'devānām[提桓]'은 '천天', 'indraḥ[因陀羅]'는 '주主 또는 제帝'로 풀이된다. 따라서 일연은 제석을 'indraḥ'의 뜻인 '제帝'와 'śakro[釋迦]'의 앞 음인 '석釋'을 취해 만든 조어로 인식해 환인이 석제환인, 즉 제석과 같은 뜻이라는 분주分註를 단 것으로 추정한다.

그런데 석제환인의 줄임말로 쓰인 '환인'은 불경에서 그 용례를 찾을 수 없다. 그럼에도 일연이 환인을 석제환인의 줄임말로 보고 제석

▲ 파른본《삼국유사》고조선조
◀《신집장경음의수함록》
▶《문수사리보초삼매경》

삼국유사에 실린 단군신화   조선 초기(1394?)에 찍은 고판본 파른본으로 단군신화는 우리나라 최초의 건국신화다. 환인에 대해 "석유환인(위제석야)昔有桓因(謂帝釋也)"라고 해서 제석천으로 해석하고 있다. 《삼국유사》 고조선조에서 《고기》를 인용해 서술한 단군신화의 내용을 보면 환인의 아들 환웅이 지상 세계에 뜻을 두고 태백산 신단수에 내려와 신시를 열었다. 곰과 범이 환웅을 찾아와 사람이 되기를 원했는데, 곰이 사람이 되어 환웅과 혼인하여 단군을 낳으니 이가 고조선을 세운 단군왕검이라 했다.

1512년(중종7)에 찍은 임신본의 환인은 '桓因'으로, 조선 초기 고판본인 파른본에는 '桓田'으로 표기되어 있어 일부 재야학계에서는 단군이 세운 고조선 이전에 환국이란 나라가 있었다고 주장하고 있다. 하지만 고려대장경의 《신집장경음의수함록》 甫田(하단 왼쪽)과 《문수사리보초삼매경文殊師利普超三昧經》의 甫因(하단 오른쪽)의 사례를 통해 田과 因이 같은 글자임이 밝혀졌다. 따라서 桓田은 桓因을 환국으로 잘못 읽어 생긴 글자이다.

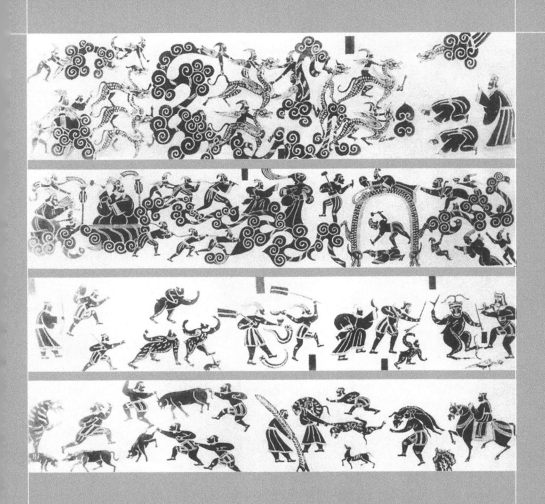

무씨사당 화상석에 묘사된 단군신화   중국 산동山東성 가상嘉祥현 자운산紫雲山 자락에 있는 서기 2세기의 무씨사당은 석실 벽에 26개의 화상석을 끼워 놓았는데, 그 가운데 단군신화와 관련된 내용이 위 화상석이다. 무씨사당 화상석은 단군신화의 성립 시기와 관련해서 그 시기를 앞당기는 자료로 거론되고 있다. 한편 위 화상석을 단군신화가 아닌 중국 신화로 연관시키기도 한다.

이란 설명을 붙인 까닭은 옛 사람이 석제를 성으로 보고 환인을 이름으로 잘못 보았다고 생각했기 때문이다. 그러나 석제환인을 석제와 환인으로 분리해 부르는 것은 범어 조어법상 맞지 않다. 석제환인에서 하늘[天]을 뜻하는 '제환' 이라는 단어를 제와 환으로 다시 분리할 수 없기 때문이다. 따라서 환인은 석제환인으로 볼 수 없고 제석으로 해석할 수는 없다. '하느님' 을 문자화했을 때 왜 환인桓因으로 표기했는지에 대해서는 다른 이유를 찾아야 하지만, '하느님=태양' 에서 '환한 님' 을 거쳐 환인桓因으로 표기되었으리라 추정한다.

그러나 환한 님의 한자어를 하필 '환인桓因' 으로 삼았다는 점에서 여전히 환인이 석제환인의 환인에서 유래했을 가능성은 남는다. 일연도 그렇게 생각했기 때문에 조어법상 맞지 않은 것을 알면서도 환인은 곧 제석을 가리킨다는 분주를 단 것으로 추정된다. 만약 환인을 석제환인의 줄임말로 삼았다면 그 시기는 석제환인에 대한 이해가 충분하지 않던 6~7세기 이전 삼국시대 불교 수용 초기의 시대적 분위기를 반영한다고 볼 수 있다. 신라의 진평왕과 선덕여왕이 제석 신앙을 강조했고, 백제 무왕이 익산에 제석사帝釋寺를 창건한 데에서 알 수 있듯이 6~7세기에 이르면 삼국의 '제석' 에 대한 이해는 깊어졌기 때문이다.

단군신화의 성립에는 시대적 분위기와 더불어 공간적 분위기도 중요하다. 5세기 이전 고조선의 단군신화가 퍼졌을 지역은 신라나 백제보다 고구려, 그중에서도 고조선의 마지막 수도였던 평양 지역이었을 가능성이 높다. 결론적으로 단군신화를 환인-환웅-단군의 구체적 이름으로 확정했던 시기는 불교 수용 이후라는 시간대와 평양이라는 공간을 고려하면 고구려의 평양 천도 이후일 가능성이 높다. 고구려의 고조선에 대한 인식은 삼국 역대 군주들의 간단한 이력을 적은 《삼국유사》〈왕력王曆〉에 주몽을 단군의 아들로 표기할 정도까지 발전하게 된다.

단군신화는 고조선의 건국신화, 한민족의 단일민족신화로 인식되어 배타적, 민족적, 국수적 측면의 부정적 인식이 많은 것을 부인할 수 없다. 하지만 신화가 특정한 민족과 지역을 중심으로 형성되었더라도 각 신화를 살펴보면 '인간이란 무엇인가'에 대한 고찰이라는 보편성을 찾을 수 있다. 바로 이 지점에서 신화의 생명력이 있는 것이다. 단군신화도 마찬가지다. 단군신화에 의하면 곰은 100일을 채우지 않고 21일 만에 사람이 되었다. 왜 100일을 채우지 않았을까? 혹시 단군신화는 인간이 79일을 채우지 않은 불완전한 존재이기에 앞으로 채워 가는 과정에 있다는 점을 은연중에 얘기하는 것은 아닐까. 이러한 인간의 불완전성은 여러 신화에서 언급되는 보편적인 메시지인데, 대표적으로 기독교에서는 원죄로 나타나고 있다. 앞으로 단군신화에 대한 연구가 특수적이고 배타적인 측면보다 인류가 같이 고민할 보편적 문제로까지 확대되기를 기대한다.

삼국의 건국신화

하느님의 아들인 환웅과 땅의 웅녀의 결합은 천신과 지신의 결합이기도 하다. 이 결합 구도는 고구려의 해모수와 유화, 신라의 혁거세와 알영, 가야의 수로와 허황후로 이어진다. 단군신화가 고조선 건국자의 탄생에 의미를 두었다면, 고구려의 주몽신화는 역경을 딛고 나라를 세운 영웅신화적 요소가 강하다. 천제의 아들 해모수는 하백의 딸 유화와 교통해 주몽을 낳는다. 이후 부여에서 성장한 주몽은 금와왕에게 버림을 받고 부여에서 벗어나 고구려를 건국한다. 주몽(추모)신화는 고구려인들이 세운 〈광개토대왕릉비〉에 생생히 전하는데, 여기서 주몽을 천제의 아들이자 바다의 신인 하백의 손자라고 했다. 고조선의 환인-환웅-단군의 3단 구도는 고구려의 건국신화에서 천제-해모수-주몽의 구도로 이어진다. 단군은 태생이었고 주몽은 태생과 난생이었다는 점에서 보면 주몽의 천신적 요소는 단군보다 덜하지만 고구려인의 건국 시조에 대한 자신감은 고구려의 천하관을 세우는 이념적 토대가 되었다.

백제의 건국신화는 고구려 주몽신화의 후편에 속해 신화적 요소가 감소되었다. 주몽의 아들 유리에게 밀려난 비류와 온조는 어머니 소서노와 함께 남쪽으로 이동해 온조를 중심으로 하남 위례성에 백제를 건국한다. 비류와 온조의 아버지는 주몽이 아닌 부여계의 우태라고 해 부여와의 관련성이 강조되기도 하고, 부여 동명의 후예인 구태가 백제를 세웠다고도 한다. 백제 건국신화의 신화적 요소는 부여계의 건국신화가 고구려계의 온조신화로 바뀌면서 사라진 것으로 본다. 한편《일본서기》에 백제 시조 도모가 하늘로부터 내려왔다고 기록되어 있는 것을 보면 고구려와 마찬가지로 백제의 건국신화에도 천손신화적 요소가 있다. 백제의 건국신화가 고구려계의 온조신화로 바뀐 시기에 대해서는 삼국 멸망 이후에서 후삼국 통일 후 고려까지 보기도 한다. 부여에서 내려온 고구려와 백제의 우호 관계는 적어도 낙랑, 대방의 멸망 이후 국경을 마주하기 전까지는 이어져 온 것으로 생각된다. 따라서 이 시기에 온조 전승의 건국신화가 만들어졌을 가능성은 충분하다. 부여계의 비류 혹은 구태 전승은 성왕이 사비로 천도하면서 국호를 남부여로 칭한 것과 관련이 있을 것이다. 그러므로 온조 전승의 성립 시기와 변천 시기에 대해서는 보다 면밀한 검토가 필요하다.

신라의 건국신화에서는 고구려 건국신화처럼 건국 시조가 천제의 아들이라는 식의 직접적인 표현 대신 말이란 매개물을 통해 나타난 알에서 박혁거세가 태어났다고 한다. 박혁거세에게서 천신적 요소가 다소 감소된 반면 박혁거세의 부인인 알영의 지신적 요소는 강조되어 역으로 탄생신화를 낳았다. 알영은 용의 옆구리에서 태어나 혁거세와 함께 이성二聖으로 불렸다. 시조의 부인이 탄생신화를 갖는 것은 삼국시대에 매우 이례적인 일이다. 그런데 알영이 용의 오른쪽 옆구리에서 태어났다는 이야기는 마야부인의 오른쪽 옆구리에서 태어난 석가와 비슷하다. 곧 알영의 탄생신화는 불교 수용 이후에 만들어진 것으로 보인다. 남성이 주도한 고대 사회에서 시조부인의 탄생신화를 만들어 주었을 인물은 남성왕보다는 여성왕이었을 가능성이 높다. 그 유력한 후보자는 선덕여왕이다. 신라 최초로 여왕이 된 선덕여왕은 여성 알영의 탄생신화를 만들어 여왕 통치의 정당성을 부여하려고 했다. 여기서 선덕여왕이 만든 첨성대가 주목된다. 첨성대를 덕만(선덕여왕)의 출생 기념 건축물로 보기도 하는데, 그보다는 알영의 탄생신화를 만든 선덕여왕이 알영 탄생을 기념하는 조형물로 세운 것이라고 생각된다.

가야의 건국신화에서 시조인 수로의 탄생은 신라의 혁거세와 비슷하지만 매개물이 말에서 줄로 약화되었다. 그리고 수로가 여섯 개의 알 가운데 하나였으므로 가야의 고대 국가 형성에 한계가 있었음을

634(선덕여왕 3)
분황사芬皇寺 완공.

642(선덕여왕 11)
백제 · 고구려 신라 당항성 공격.

645(선덕여왕 14)
황룡사 9층 목탑 완공.

첨성대瞻星臺   경상북도 경주시 인왕동에 있는 신라시대의 천문대다. 《삼국유사》에 신라 선덕여왕대(632~647) 건립된 것으로 기록되어 있다. 신라 최초의 여왕인 선덕여왕은 통치의 정당성을 여성 알영의 탄생신화를 만들어 타개하려 했다. 최근 첨성대가 진평왕의 왕비이자 선덕의 어머니인 마야부인의 선덕여왕 출생을 기념하기 위해 조성한 건물로 보는 시각도 있는데, 그 보다는 알영의 탄생신화를 만들었던 선덕여왕이 알영 탄생의 조형물로 만들었을 가능성이 높다.

알 수 있다. 또한 수로왕비 허왕후가 바다 건너 아유타국阿踰陀國에서 왔다는 해양적 성격의 신화는 가야의 대외 교류적 성격을 잘 나타내고 있다.

앞서 살펴본 건국신화는 건국의 시조를 신성화하고 있지만 각 나라의 귀족들도 자기들 나름의 시조신을 모시고 있었다. 따라서 건국신화를 통해 귀족 세력을 통합하여 고대 국가를 형성하는 데는 한계가 있을 수밖에 없었다. 이런 이유로 보편적 종교인 불교와 도교를 받아들여 정신적 통합을 이루는 한편 예제 질서를 통한 상하 관계를 확실하게 하기 위하여 유교에 관심을 두게 되었다.

고대 불교의
수용과 전개 과정

지금으로부터 2500여 년 전 인도의 중북부 지역을 중심으로 발생한 불교는 중국을 거쳐 우리나라에 전래되었다. 그렇다면 삼국시대 불교의 수용과 그로 인해 고대 사회가 어떻게 변화했는지 살펴보자. 지금까지의 연구는 대체로 불교의 수용을 한국 고대 사회의 내부 구조 속에서 살피려 했고, 그 결과 불교를 포용하려 한 계층이 상당 부분 밝혀졌다. 하지만 삼국 모두에서 불교의 수용 과정이 비슷한 유형으로 전개된 것만은 아니었다.

고구려 불교

《삼국사기》와 《삼국유사》에 따르면, 전진前秦의 부견符堅이 372년
(소수림왕 2)에 승려 순도順道를 고구려로 보내면서 불상과 불경을 전
한 것으로 되어 있다. 2년 뒤인 374년에는 동진東晉에서 아도阿道가
왔다. 이후 375년 초문사를 지어 순도를 머무르게 하고, 이불란사를
세워 아도를 머무르게 했다. 이러한 사실을 통해 고구려는 소수림왕
때 불교를 공식적으로 인정하면서 받아들였음을 알 수 있다. 그런데
《양고승전梁高僧傳》〈축잠법심전竺潛法深傳〉과 각훈覺訓의 《해동고승전
海東高僧傳》〈석망명전釋亡名傳〉에 따르면, 동진의 지둔도림支遁道林이
고구려 국내에서 활약하던 고려도인高麗道人(또는 이름을 전하지 않는
승려)에게 축잠법심竺潛法深의 높은 덕을 칭송하는 편지를 보냈다는
기록이 있다.

지금까지의 연구에서는 이러한 사실을 근거로, 주로 중국 북조 또
는 남조로부터 고구려에 불교가 전래되었을 가능성을 다양한 측면에
서 검토했다. 한편 《삼국유사》 흥법편에 실려 있는 〈순도조려順道肇麗〉
의 세주細註에는, "순도 다음으로 또한 법심法深·의연義淵·담엄曇嚴의
부류들이 서로 계승해서 불교를 흥기시켰다"라고 나와 있어 고구려
불교사는 순도·법심·의연·담엄의 부류들로 계승되어 나갔음을 알
수 있다. 그리고 《삼국유사》 흥법편 〈보장봉로 보덕이암寶藏奉老 普德移
庵〉에서는 고구려 멸망기에 연개소문이 집권하면서 도교를 진흥시켜
나가자, 보덕普德을 중심으로 한 불교계가 반발하고 있음을 소개하고
있다. 보덕은 이후 백제로 망명한다.

이러한 사실을 중심으로 고구려 불교사의 흐름을 정리하면, 우선 격

연가 7년명 금동여래입상과 광배의 명문　고구려의 대표적인 불상인 〈연가 7년명 금동여래입상〉은 고구려의 천불 신앙을 보여 주는 불상으로 이 여래입상은 천불 가운데 제29번째인 인현의불이다. 특히 불상의 광배에는 불상의 제작국을 고구려가 아닌 '고려'로 표시하고 있다. 이는 고구려가 4~5세기를 전후하여 나라 이름을 고구려에서 고려로 바꾸었거나 적어도 고려란 나라 이름을 같이 사용했다는 것을 보여 주고 있다.

의 불교格義佛敎 단계를 거친 이후 공인 불교公認佛敎 단계로 나아갔고 이를 바탕으로 중도 공관 불교中道空觀佛敎가 발달했다. 중도 공관 불교의 대표적 승려로는 중국에서 신삼론사상新三論思想을 확립한 승랑僧朗을 들 수 있다. 이러한 흐름은 소수림왕 이후부터 문자명왕대(491~519)까지 계속되면서, 고구려가 동북아시아의 강대국으로 성장하는 데 크게 기여했다. 도선道宣이 편찬한 《집신주삼보감통록》에는 요동성遼東城에 고구려 '성왕聖王'이 건립한 육왕탑育王塔이 있었다는 기록을 전하고 있다. 이 기록은 《삼국유사》에도 반영되었는데 여기 성왕은 요동을 점령한 광개토왕으로 추정되는데, 일연이 《삼국유사》를 편찬할 당시까지도 '성왕聖王'을 동명성왕으로 보려는 인식이 남아 있었던 것으로 보인다. 이러한 인식은 광개토왕과 장수왕 당시부터 이미 있었던 것으로 보인다. 말하자면 광개토왕(391~413)과 장수왕대(412~491)에는 불교에서 말하는 '전륜성왕'의 '성왕' 관념이 개국시조인 고주몽까지 확대되었다.

한편 고구려 양원왕(545~559)과 평원왕대(559~590)에 주로 활약한 의연의 불교 사상에는 《십지론》, 《지도론》, 《금강반야론》, 《지지론》 등 보다 폭넓은 대승 경전이 소개되고 있다. 보장왕대(642~668)에 활동한 보덕은 열반종 사상을 홍포하면서 고구려의 멸망을 막으려고 노력했다.

6세기 이후 고구려 불교계 동향이 어떻게 전개되었는지 구체적으로 검토하는 것은 쉽지 않다. 하지만 《일본서기》에 안원왕(531~545)과 양원왕대의 정치 변동을 전하는 기록이 남아 있어 6세기 당시 고구려 불교계 동향을 살펴볼 수 있다.

《일본서기》에 따르면, "고구려의 '박곡향강상왕拍鵠香岡上王'은 중부인의 아들을 태자로 삼았는데, 이를 지지하는 세력을 '추군醜群'이라고 했다. 또한 소부인에게도 왕자가 있었는데, 이를 후원하는 집단을 '세군細群'이라고 불렀다. 그런데 박곡향강상왕이 병들어 눕자, 추군과 세군은 각각 그 부인의 아들을 왕으로 세우려고 하면서 궁문에서 싸웠다. 그 결과 세군으로 죽은 자가 2천여 명이었으며, 박곡향강상왕도 이때 승하했다"고 되어 있다. 이 기록은 후계자가 설정되어 있지 않은 상황에서 문자명왕의 아들인 안장왕이 시해되었음을 전하고 있다. 또한 안장왕의 뒤를 이어 즉위한 안원왕도 박곡향강상왕으로 불리다가 말년에 왕위 계승 분쟁에서 희생된 것으로 전하고 있다.

'박곡향강상왕'이라는 왕명에 보이는 '곡향'에는 '곡림향화鵠林香火'라는 불교적 의미가 내포되어 있다. 이를 통해 고구려에서 불교 왕명을 표방하던 국왕의 사례를 찾을 수 있다. 한편 박곡향강상왕의 뒤를 이을 왕위 계승 분쟁에 개입한 추군과 세군의 실체도 밝혀 볼 필요가 있다. 추군은 국내성에 정치적 기반을 두고 있던 귀족 불교 세력이며, 세군은 평양 지역을 중심으로 점차 영향력을 강화해 나가던 신진 귀족 불교 세력이었다. 6세기대에 고구려는 불교식 왕명을 표방하고 강력한 왕권을 행사하던 국왕 중심적 불교가 점차 쇠퇴하면서, 추군과 세군으로 나뉜 귀족 불교 세력 사이의 대립과 갈등을 효과적으로 통제하지 못하는 상황에 직면하게 되었다.

6세기에 표면화된 귀족 간의 대립은 평원왕대에 귀족 연립 정권을 형성하면서 점차 안정을 되찾게 된다. 이 시기에 활동한 의연을 통해 당시 고구려 불교계가 해결하고자 한 사상적 과제가 무엇이었는지를 살펴볼 수 있다.

의연이 왕고덕王高德의 요청에 따라 북제北齊로 구법의 길을 떠난 것은 당시 긴박하게 돌아가고 있던 국제 정세와도 무관하지 않았다. 그리고 당시 중국 남북조에서 치열하게 전개되고 있던 불교와 도교와의 우위 논쟁을 살펴보면, 고구려의 대승상 왕고덕이 의연을 북제로 보내어 법상에게 불佛의 생멸 연대와 함께 불교 역사를 알아오게 한 의도가 어디에 있었는지를 알 수 있다. 불교와 도교 세력 간의 우위 논쟁이 제기되고 있었기 때문이다.

의연이 북제의 법상으로부터 배우고자 한 불교 사상의 내용은 《십지경론》과 《보살지지경》이었을 것으로 생각된다. 의연은 중도 공관의 문제에서 한 걸음 더 나아가 불성의 문제와 열반의 부각에 보다 더 큰 관심이 있었다고 보인다. 이때 의연이 수입한 지론종 사상은 고구려 불교계로 하여금 불성의 문제에 대한 이해를 도모했다. 결국 의연은 불멸 연대 및 불교 역사를 북제의 법상으로부터 배워오는가 하면, 지론종 남도파의 "진여眞如는 불성이다"라는 사상을 받아들이면서 점차 세력을 얻어 가고 있던 도교에 대항하고자 했다. 그러나 이러한 노력은 당시 국왕 전제권의 약화와 귀족 연립 정권이라는 국내 문제와 함께 수와의 전쟁이라는 정세 변동 속에서 만족할 만한 성과를 거두지는 못했다. 이러한 문제를 해결하기 위해서 보덕은 연개소문의 도교 진흥 정책을 비판하면서 열반종涅槃宗을 개창했다.

백제 불교

백제의 불교 수용은 《삼국사기》와 《삼국유사》의 기록을 통해 알 수 있다. 《삼국사기》〈백제본기〉의 침류왕조와 《삼국유사》 흥법 〈난타벽제難陀闢濟〉에 따르면, "침류왕枕流王은 즉위한(384) 후, 7월에 사신을 동진東晉에 보냈다. 9월에 인도승[胡僧] 마라난타摩羅難陀가 동진으로부터 왔다. 왕이 그를 맞이해 궁궐 안으로 모시고 예로써 공경하니, 불교가 이로부터 시작되었다. 다음 해(385) 2월에 한산漢山에 절을 세우고 10명이 승려가 되는 것을 허락했다"라고 되어 있다.

이러한 기록으로 백제의 불교 수용은 동진과의 공식적인 외교 절차를 통해 이루어졌음을 알 수 있다. 한편 마라난타의 출신과 그가 백제로 오게 되는 과정은 《해동고승전》〈마라난타전〉에 자세하게 전하고 있다. "승려 마라난타는 인도승이다. 신이神異와 감통感通의 수준은 짐작할 수가 없다. 사방으로 유람하는 데 뜻을 두었으므로, 한 곳에 머무르지 않았다. 옛날의 기록을 살펴보면, 본래 축건竺乾(인도) 출신인데, 중국으로 들어왔다. 수많은 위험과 험난한 일을 겪었지만 인연이 닿는 대로 나아갔으니, 아무리 먼 곳이라도 가보지 않은 곳이 없었다. 백제 침류왕이 즉위한 원년(384) 9월에 동진으로부터 찾아오니 왕은 교외에 나아가 그를 맞아들였다. 윗사람들이 좋아하고 아랫사람들도 교화됨에, 불사佛事를 크게 일으켜 함께 찬양하고 봉행했다"라고 했다.

이러한 기록을 근거로 최근에는 마라난타가 전남 영광의 법성포 지역에 들러 불갑사佛甲寺를 창건했다는 주장도 제기되었다. 하지만 당시의 역사적 정황으로 볼 때에는 받아들이기 어렵다. 백제에 온 사신이 침류왕의 아버지인 근구수왕의 조문 이전 다른 곳에 절을 창건할 여유가 없다. 백제 불교가 지방에서 어떻게 전개되었는지의 문제와 남방해로를 통한 불교 전래 가능성 등에 대한 다양한 검토는 필요할 것이라고 본다.

백제의 침류왕은 불교를 공인한 이듬해인 385년 2월에 한산漢山에 절을 세우고 10명을 승려로 삼았다. 그러나 침류왕은 이 해 11월에 훙거薨去했다. 《삼국사기》 〈백제본기〉는, "왕이 돌아가셨을 때 태자가 어렸기 때문에 숙부인 진사辰斯가 왕위에 올랐다"라고 되어 있다. 하지만 《일본서기》에는, "왕이 돌아가셨을 때 왕자 아화阿花가 어리다고 해 숙부 진사辰斯가 왕위를 빼앗았다"라고 나와 있다. 이로 볼 때, 진사왕이 어린 조카의 왕위를 빼앗은 것으로 보인다.

그렇다면 진사왕은 침류왕대(384~385) 불교 수용을 반대한 세력들로부터 지지를 받았을 가능성이 크다. 진사왕은 즉위 이후 고구려와 여러 번에 걸쳐 싸웠지만 392년(진사왕 8) 7월 군사 4만을 거느리고 쳐들어온 고구려의 광개토왕에게 10여 성을 빼앗겼다. 또한 10월에는 관미성마저 빼앗기게 된다. 이러한 상황에서 진사왕은 구원狗原에 사냥을 나갔는데 10일이 지나도 돌아오지 않았고, 다음 달 구원행궁狗原行宮에서 죽었다.

진사왕이 사냥을 나갔다가 돌아오지 못하고 죽었다는 기록 이면에는 당시 진사왕을 제거하려는 정변이 있었을 가능성이 높다. 진사왕이 죽임을 당한 이후 즉위한 아신왕은 그 다음 달인 12월에, "불법佛法을 믿어 복을 구하라"는 교서를 내리고 있다. 이것은 침류왕대의 불교 수용 의지를 아신왕이 다시 강조한 것이라고 볼 수 있다.

아신왕은 안으로 불교 수용의 의지를 천명하면서, 대외적으로는 고구려에게 빼앗긴 관미성 등을 되찾기 위해 노력했다. 하지만 396년(아신왕 5)에 아신왕은 고구려와의 전쟁에서 참패하면서 항복했다. 이후

전지왕과 구이신왕을 거쳐 비유왕(427~455)과 개로왕대에도 백제는 남진 정책을 추구하는 고구려 장수왕의 남하를 힘겹게 막아야만 했다.

　비유왕의 장자인 개로왕은 고구려의 침입을 저지하고 왕권 강화에 힘쓴다. 개로왕은 고구려에서 도망해 온 도림道林을 등용했는데 이는 그를 통해 북조 불교를 수용하려 한 시도로 추측할 수 있다. 하지만 개로왕이 자신을 지지하는 국내 불교 세력의 도움을 받지 않고 고구려 승려인 도림을 기용한 것은 결국 불교계 내부의 분열을 가져온 것으로 보인다. 이러한 배경에서 개로왕의 왕권 강화 노력은 한계에 부딪혔으며, 고구려와의 전쟁에서도 장수왕의 침입을 막지 못해 한성은 함락되었고 자신도 전사했다.

　이러한 급박한 상황에 직면한 문주왕은 남은 군사를 이끌고 남쪽으로 후퇴해 금강 이남의 웅진熊津(공주)에 새 도읍을 정하고 재기의 발판을 마련했다. 그러나 문주왕은 재위 4년 만에 병관좌평 해구解仇에게 시해되고, 그 뒤를 이은 삼근왕三斤王도 재위 3년 만에 죽었다. 이에 곤지昆支의 아들인 동성왕東城王이 다음 왕위를 이었다. 하지만 동성왕도 재위 23년에 백가苩加에게 살해당하고, 무령왕이 왕위를 계승했다. 무령왕은 흩어진 민심을 수습하고 백제를 부흥시켜 양梁에 사신을 보내 "다시 강한 나라가 되었다"고 자부할 만큼 웅진 시기를 안정시켜 놓았다. 무령왕의 뒤를 이어 즉위한 성왕聖王은 지혜와 식견이 뛰어나고 과단성이 있어, 사람들이 성왕이라고 불렀다. 한편《삼국유사》의 기록을 근거로 백제 성왕이 527년 양 무제를 위해 웅진에 대통사를 세웠다고 한다. 하지만 이에 대해선 대통사는 대통불을 모시는 사찰로 성왕이 아버지 무령왕의 명복을 빌고 새로 태어난(날) 아들 창

웅진 대통사터의 당간지주와 대통명 기와   당간지주는 통일신라 때 만들어진 것으로 추정된다.

(위덕왕)의·건강을 기원하기 위해서 525년경 세웠다고 보기도 한다. 성왕은 웅진 천도 후의 백제를 부흥시키면서 사비泗沘로 천도했다.

이능화의《조선불교통사》에 실려 있는 〈미륵불광사사적〉에 따르면, "사문 겸익謙益은 백제 성왕 4년(526)에 마음을 다해 율律을 구하러 바닷길을 통해 중인도 상가나대율사常伽那大律寺에 이르러 범어梵語를 5년 동안 배워 깨우치는 한편 율부律部를 깊이 공부해 계율의 본체를 갖춘 다음, 범승 배달다삼장倍達多三藏과 더불어 범본 〈아담장阿曇藏〉과 〈오부율문五部律文〉을 가지고 귀국했다. 왕은 그를 교외에서 맞이해 흥륜사興輪寺에 모신 다음, 국내의 이름난 승려들을 불러서 겸익법사와 함께 율부 72권을 번역하게 했다. 이때《율소律疏》36권이 완성되었다. 이에 왕은 비담毘曇과 신율新律의 서문을 지었다"라고 했다. 겸익이 무령왕 21년(521) 인도에 가서 성왕 4년(526) 귀국한 사실을 통해 백제 성왕은 사비로 천도하기 이전에 겸익을 통해 인도 불교를 수용했음을 알 수 있다.

또한 사비로 천도한 이후에는 양에 사신을 보내어《열반경涅槃經》등 여러 경전의 주석서를 구했다. 나아가《일본서기》에 전하는 기록에 따르면, 성왕은 서부西部 희씨姬氏인 달솔 노리사치계怒喇斯致契 등을 일본에 보내면서 석가여래금동상 1구와 번개幡蓋 및 경론을 같이 보내 불교를 전하기도 했다.

하지만 백제 성왕은 고구려에게 빼앗겼던 한강 유역을 신라와 함께 회복했다가 다시 신라에게 빼앗겼고, 이에 신라를 공격하다가 신라군의 매복을 만나 비참한 죽임을 당했다. 성왕의 뒤를 이어 즉위한 위덕왕은 죽은 부왕을 위해 부여 능산리에 능사陵寺를 조영해 누이 형공주와 함께 사리를 공양하고 구세관음상과 몽전관음상을 조성하면서 국

미륵사지석탑(서탑)　　최근 이 탑의 해체 과정(왼쪽 상단)에서 중앙 심초석에서 사리기와 사리 봉안기(왼쪽 하단)가 발견되었는데 《삼국사기》와 창건 연대가 다른 내용을 전하고 있어 논란이 되고 있다. 사리 봉안기에 의하면 미륵사는 선화공주가 아닌 사택왕후에 의해 639년 세워졌다고 되어 있다.

가의 안정과 불교의 중흥을 도모했다.

위덕왕과 혜왕을 이어 즉위한 법왕法王은 왕흥사王興寺를 창건했고, 가뭄이 들었을 때 칠악사漆岳寺에서 직접 기우제를 지내기도 했다. 또한 살생을 금지하는 조치를 내려 국가 차원에서 계율을 지키려 하는 등 불교 중흥을 위해 노력했지만, 2년밖에 재위하지 못했다. 최근 부여 왕흥사터에서 창왕[위덕왕]이 577년 죽은 아들을 위해 탑에 사리를 봉안했다는 사리함기가 발견되었는데《삼국사기》와 창건 연대와 다른 내용을 전하고 있어 논란이 되고 있다. 법왕의 뒤를 이어 즉위한 무왕은 당시 정국의 불안정과 자신의 정통성을 확보하기 위한 돌파구가 필요했다. 이런 배경 속에서 무왕은 익산에 관심을 두게 되었다.

무왕이 즉위했을 당시 익산 지역은 마한의 전통과 소도蘇塗의 풍속이 강하게 남아 있었다. 무왕은 익산 지역을 정치적으로나 군사적으로 장악해야 했다. 또한 당시까지 강하게 남아 있던 소도의 전통을 불교적 이념으로 전환시킬 필요도 있었다.

《삼국유사》〈기이편〉 무왕조에 전하는 기록에 따르면, "익산에서 태어난 무왕은 신라 출신의 왕비인 선화공주와 함께 익산에 내려와 미륵삼존이 못에서 솟아나온 영험을 바탕으로 미륵사를 창건했다"고 한다. 무왕은 왕이 된 이후 공주와 함께 익산 용화산龍華山 사자사師子寺를 찾아가다가 용화산 아래 연못에서 미륵삼존이 솟아나온 영험을 겪고 이곳에 삼三탑 삼금당의 미륵사를 창건했다는 것이다. 최근 익산 미륵사지석탑 해체 과정에서 나온 사리 봉안기에 의하면 639년 백제의 사택왕후가 가람을 창건한 것으로 나와《삼국유사》의 서동 설화와 선화공주의 실체에 대한 논란이 되고 있다.

이러한 익산의 미륵사 창건설화를 통해 무왕은 익산 지역이야말로 미륵이 출현하는 미륵불국토임을 내외에 선포할 수 있었다. 또한 미륵 삼존이 익산에 현현顯現했다는 《삼국유사》 기록에서 무왕 자신을 미륵으로 표방했을 가능성도 있다. 미륵은 원래 석가의 뒤를 이어 56억 7천만 년 뒤에 도솔천에서 용화산에 내려와 세 번의 설법을 통해 석가가 미처 제도하지 못한 중생을 제도하는 부처이다. 따라서 사자사가 소재한 용화산과 미륵 삼존과 가람배치의 삼탑 삼금당은 모두 미륵이 하강한 용화산과 중생을 제도한 세 번의 설법과 밀접히 연관된 것이다.

미륵사 창건 설화에서 특이한 점은 미륵사의 미륵이 도솔천에서 내려오지 않고 땅 속 연못에서 솟아나왔다는 것이다. 그런데 《삼국유사》에 전하는 설화에 따르면, 무왕의 아버지는 지룡池龍이다. 즉 익산 미륵사의 미륵은 하늘에서 내려온 미륵이 아니라 못에서 솟아나온 미륵이다. 그렇다면 연못에서 솟아나온 미륵은, 아버지인 지룡이 미륵의 화신으로 솟아났음을 의미한다고 할 수 있다. 이때 아버지인 지룡이 미륵 삼존으로 화현했다면, 지룡의 아들인 무왕 자신은 바로 미륵의 아들이 되는 것이다. 이런 이유로 무왕은 익산에 거대한 미륵사를 창건하면서 백제의 부활을 꿈꾸었을 것이다. 하지만 무왕의 죽음과 의자왕대(641~660) 백제가 멸망하면서 미륵사 창건을 통한 백제 부흥의 꿈은 결국 실현되지 못했다. 백제의 멸망과 함께 좌절되었던 미륵신앙의 꿈은 후일 진표율사眞表律師에게 계승되었다.

신라 불교
신라에 불교가 전래되는 모습은 기록들마다 약간의 차이가 있다.

이차돈 순교비 〈이차돈 순교비異次頓 殉敎碑〉는 불교를 제창하다 528년(법흥왕 15)에 순교한 이차돈을 기념하기 위하여 건립된 것으로, 사진에 보이는 1면이 이차돈이 순교할 때 "목을 벨 때 목에서 흰 우유가 한 마장이나 솟구치니, 하늘에서는 꽃비가 내리고 땅이 흔들렸다"는 장면을 묘사한 것이다. 법흥왕은 재위 15년(528)에 천경림에 흥륜사를 크게 세워 불교를 일으키려 했으나 많은 신하들의 반대로 뜻을 이루지 못했고 이러한 와중에 이차돈이 순교했다. 이후 법흥왕 22년(535)에 천경림의 나무를 베어 내고 흥륜사를 세운다. 이로 볼 때, 신라에서 불교가 공인되기까지는 이차돈이 순교한 후 7~9년이라는 세월을 필요로 했음을 알 수 있다. 〈이차돈 순교비〉는 신라의 불교 공인 과정을 실제로 입증해 주는 귀중한 자료다.

금동반가사유상(삼국시대 7세기 전반, 국보 83호)
둥근 산 모양의 관을 쓰고 있어 삼산관반가사유상으로도 불린다.

고류지廣隆寺 **목조미륵보살반가사유상**

(일본 7세기 전반)
우리의 금동반가사유상과 유사한 형태로, 삼국에서 제작되었을
가능성이 높다.

금동반가사유상   삼국시대 6세기 후반에 제작된 것으로 국보 78호다. 달과 해 모양의 관을 쓰고 있어 일월관 반가사유상으로 불리며 머리 뒷부분의 광배는 소실되었다. 반가사유상은 한쪽 다리를 다른 쪽 무릎 위에 얹고 손가락을 뺨에 댄 채 생각에 잠긴 보살상으로 출가 전 인간의 생로병사를 고민하며 명상에 잠긴 싯다르타 태자의 모습에서 유래하지만 우리나라와 일본의 반가사유상은 미륵보살반가사유상에 가깝다. 불교가 탄생한 인도에서 등장한 반가사유상은 중앙아시아, 중국을 거쳐 우리나라와 일본에까지 전래되었다. 삼국시대 반가사유상은 예술적 완성도가 높을 뿐만 아니라 독존으로도 제작되어 미륵신앙과 밀접한 관련을 맺으며 중요한 불교의 예배 대상이 되었다.

조금씩 내용을 달리하는 신라 불교 전래설을 살펴보면, 공통적으로 신라에서 불교가 국가적으로 공인되기 이전에 이미 불교가 수용되어 있었음을 알 수 있다. 신라 불교 전래의 모습을 기록한 원사료로서 가장 기본이 되는 것은 김대문金大問의 《계림잡전鷄林雜傳》이다. 이 기록에 따르면, 신라 눌지왕대(417~458) 고구려로부터 사문沙門 묵호자墨胡子가 방문해 일선군一善郡(경상북도 선산 지역) 모례毛禮의 집에 묵고 있었다. 이때 묵호자는 중국 사신이 가지고 온 향香의 용도를 신라에 알려 주었으며, 왕녀의 병도 고쳐 주었다고 한다.

4세기 말 신라가 고구려에 종속적 외교 관계를 맺고 있던 당시의 국제 정세로 볼 때, 눌지왕대에 처음으로 불교가 전래되었다는 기록은 어느 정도 수긍할 수 있다. 말하자면 신라에 처음 전래된 불교는 묵호자나 아도를 통해 고구려로부터 들어오고 있으며, 일선군 모례의 집을 중심으로 포교되고 있었다. 이처럼 신라의 초전 불교는 일선군과 깊은 연관을 맺고 있는데, 이곳은 고구려에서 신라로 들어오는 관문에 해당한다.

초전 불교는 신라 왕실이 대외 교섭, 그중에서도 주로 고구려와의 접촉을 통해서 받아들이게 되었다. 하지만 이미 전래되어 있던 불교를 적극적으로 홍포하려고 했던 시기는 소지왕대(479~500)이다. 이 시기에는 불교가 왕실 깊숙이 들어와 있어서, 궁궐 내에 분수승焚修僧을 둘 정도였다. 초전 불교는 왕실에 유리한 성격을 가진 종교여서 귀족들에게 환영받지 못했다. 불교 공인 이전에 신라 왕실은 무교 신앙의 제의가 행해지던 곳에 절을 세우고자 했다. 나아가 소지왕은 불교의 홍포를 통해 왕권 강화를 시도했다. 하지만 왕실 중심의 불교 홍포

정책은 실패로 기울게 되면서 분수승이 죽임을 당하게 되었다. 이때 분수승은 종래 무격 신앙의 제의가 담당하던 기능을 불교적으로 바꾸려 했으나 성공하지는 못했다.

또한 소지왕[또는 미추왕]대에 아도阿道가 오기 이전에 정방正方과 멸구비滅垢毗가 왔는데, 모두 죽임을 당한 것으로 되어 있다. 신라에 불교가 전래되는 과정에서 정방과 멸구비 및 분수승의 순교가 뒤따랐다. 자연 불교의 공인은 왕실과 귀족 세력 사이의 대립 속에서 이차돈異次頓이 순교하는 대립과 갈등을 겪으면서도 타협이 모색되었다. 결국 신라에 전래된 불교는 초기에는 수용 과정에서 많은 어려움을 겪었지만, 법흥왕대에 이르러 공인되었다.

법흥왕은 528년(또는 527년)에 무교 신앙의 제의가 행해지던 천경림에 흥륜사興輪寺를 크게 세워 불교를 일으키려고 했으나 많은 신하들의 반대로 뜻을 이루지 못했다. 이러한 와중에 이차돈이 순교했고 535년(법흥왕 22)에 천경림의 나무를 베어 내고 그곳에 흥륜사를 세웠다. 이로 볼 때, 신라에서 불교가 공인되기까지는 이차돈이 순교한 후 7~9년이라는 세월이 필요했음을 알 수 있다.

이때 불교의 공인은 왕실과 귀족 사이에 일정한 타협이 이루어지면서 가능했다. 그렇다면 불교가 사상면에서 왕실과 귀족이 서로 대립하지 않고 조화를 이룰 수 있도록 한 요인은 무엇이었을까? 전륜성왕과 미륵 또는 석가불과 미륵보살 신앙은 사상적 측면에서 왕실과 귀족이 타협을 이루면서 서로 조화될 수 있게 했다. 이에 왕실은 불교를 공인하면서 전륜성왕 관념을 포용하고 있다.

이후부터 공인 불교는 전륜성왕 사상을 기반으로 하면서 미륵 신앙을 함께 강조했다. 이때 전륜성왕 사상과 함께 신앙된 미륵 신앙은 귀족들에게 호감을 줄 수 있는 성격을 갖고 있었다. 공인 불교의 상징으로 건립된 흥륜사의 주존불은 미륵상이었다. 당시 흥륜사의 승려로 있던 진자眞慈는 흥륜사의 주존불인 미륵상이 자기를 위해 화랑으로 출현하기를 기원했고 그 후 실제로 화생한 미시랑未尸郎을 미륵선화로 받들고 있다. 이때부터 미륵은 주로 화랑으로 출현하면서 미륵선화로 불렸다.

576년(진흥왕 37)에 이르면, 신라 왕실은 자신을 전륜성왕으로 자처하고 그의 치세를 돕기 위한 미륵의 출현을 화랑으로 설정하면서 화랑도花郎道를 개창하고 있다. 이때 전륜성왕 사상과 미륵 신앙은 정치적 세계와 종교적인 세계를 조화시킨 불교적 이상 국가를 지향하고 있었다. 이러한 측면에서 왕실과 귀족은 불교 신앙면에서 서로 대립하지 않고 조화를 이룰 수 있게 되었다. 즉, 미륵 신앙은 무불巫佛 융합적인 성격을 지니면서도, 오히려 귀족 중심으로 수용될 수 있었기 때문에 귀족들이 불교를 수용하는 데 적극적으로 참여할 수 있도록 했다. 결국 공인 불교는 귀족의 입장을 배려하면서 왕법王法과 불법佛法을 일치시키려는 경향을 강하게 지니게 된다.

공인 이후 신라 불교는 사상적 발전을 거듭하게 된다. 일연一然의 《삼국유사》에서는 법흥왕에서부터 진덕여왕대에 이르는 시기를 '신라 중고기新羅中古期'로 설정했는데, 학계에서는 이 시대를 주목하면서 불교 왕명시대라고 특징지었다. 또한 진평왕은 이전 시대와 다르게 자신의 가계를 석가족의 이름에서 따오면서, 석종 의식을 강조하기도 했다.

이러한 신라 중고기 불교계는 원광과 자장에 의해 주도되었다. 원광과 자장에 의한 불교 홍포 노력은 공인 불교가 국가 불교적 색채를 띠는 데 크게 기여했다고 할 수 있다.

가야 불교

일부 연구자들은 가야 지역으로의 불교 전래가 고구려보다 시기적으로 앞섰으며 중국 대륙을 통하지 않고, 남방 해로를 통했을 것이라고 주장했다.

현재 가야의 역사를 전하는 문헌 기록으로 가장 오래된 것은 《삼국유사》 〈가락국기駕洛國記〉이다. 〈가락국기〉에 따르면 가야의 불교는 김수로왕이 금관가야를 건국하던 시기부터 전래되어 있었던 것으로 되어 있다. 즉, 김수로왕은 왕이 된 지 2년 뒤에 궁궐 후보지였던 신답평新沓坪을 보고 16나한이 머물 명당이라고 설명하고 있다. 또한 《삼국유사》 〈어산불영魚山佛影〉에 따르면, "만어산萬魚山에 다섯 명의 나찰녀羅刹女가 독룡과 함께 백성들을 괴롭히자, 수로왕이 부처에게 요청해 이들의 재해를 없앨 수 있었다"라고 나와 있다.

나아가 김수로왕의 아내인 허왕후는 인도 아유타국의 공주라고 서술되어 있다. 인도 아유타국의 공주이던 허황옥許黃玉이 바다의 풍랑을 잠재우기 위해 파사석탑을 싣고서 가야로 왔다는 것이다. 이러한 파사석탑은 허왕후의 묘에 새겨져 있는 쌍어문雙魚紋과 함께 가야 불교 남방전래설을 뒷받침하는 중요한 근거로 설명하기도 한다. 그러나 기록상 가야 최초의 사찰은 질지왕 2년인 452년에 왕이 허왕후를 위해 창건한 왕후사王后寺가 처음이다. 이로 볼 때 금관가야의 건국신화에서 김수로왕이 즉위한 이후 허왕후가 인도의 아유타국으로부터 이동해 왔다는 시조 전승은 후대의 신성화 과정에서 첨가된 것으로 보아야 할 것이다. 말하자면 천신족 신앙의 체계를 성립시킨 김수로왕의 시조 전승은 중국 황제의 권위를 빌려 윤색되는 측면이 강했다. 이와 달리 불교 신앙으로 신성화되는 모습은 허왕후 시조 전승에서 보다 분명하게 나타났다고 할 수 있다.

중대 및 하대 불교

삼국에 전래된 불교는 처음에는 왕실 중심으로 수용되었지만, 공인된 이후부터는 귀족 불교로도 발전했다. 하지만 이러한 불교 경향은 중대에 들어서면서 대중화하는 방향으로도 나아갔다. 이러한 경향을 가장 잘 보여 주는 승려는 원효元曉라고 할 수 있다. 원효는 대안이라든가 낭지 및 혜숙 등의 대중적인 불교 사상을 더욱더 발전시켜, 한국 불교에서 '가항街巷 불교'라고 하는 독특한 대중 불교의 사상을 확립했다.

일체의 법상이 원칙적인 하나 속에 융섭된다는 성기性起 사상을 가진 의상은 횡진법계관横盡法界觀을 주장했다. 의상의 화엄 사상에서는 하나를 중시하면서, 이를 통해 전체를 아우르려는 관점을 가지고 있었다. 이처럼 신라 통일을 전후한 시기에 주로 활동한 원효와 의상은 불교 사상의 심오한 철학 체계를 수립했다. 하나가 여럿이고 여럿이 하나라는 일즉다다즉일一卽多多卽一의 화엄 사상은 여럿을 하나로 모으는 중앙 집권적인 왕권의 성립과 유지에 도움을 주었던 것으로 보인다.

신라 중대 화엄 사상은 시대와 공간을 초월한 보편성을 띠는 사상이기 때문에 세속적 문제와 연관될 수 없다는 일부의 반론도 제기되었다. 하지만 의상과 원효의 화엄 사상은 대체로 성기론적인 측면을 띠면서 중대 왕실을 중심으로 모든 체제를 통합하려는 전제주의에 부합될 수 있는 것으로 보인다.

신라 중대에 유행한 또 다른 불교 사상으로는 유식唯識 사상을 들수 있다. 이러한 유식 사상을 기반으로 성립한 신라 법상종法相宗은 원측圓測에서 태현太賢으로, 원광에서 진표眞表로 이어지는 교단이 있었던 것으로 파악된다. 태현계 법상종이 미륵을 주존主尊으로 아미타를 부존副尊으로 했다면, 진표계 법상종은 미륵을 주존으로 하면서 지장을 부존으로 모시는 것으로 나타났다. 진표계 교단이 계율을 강하게 내세웠다면, 태현계 교단은 정토를 강조했다.

신라 하대에 경전을 부정하면서 자기 안에서 불성을 찾아 깨우치려는 선종禪宗은 당시의 교학 풍토에서 혁신적인 사상이었던 것으로 볼수 있다. 이러한 선종의 등장은 신라 하대의 사회 변혁의 흐름과 함께, 당시 사회를 고대 사회에서 중세 사회로 전환하는 데 사상적 배경이 되었다. 이처럼 교학 불교의 전통적인 권위에 반성하는 성격을 지닌 선종은 왕실의 전제권이 무너진 신라 하대에 수립되어 크게 번성했다. 이러한 선종의 흐름은 왕건에게 후삼국의 혼란을 잠재울 수 있는 통일 이념을 제시했다. 말하자면 후삼국이 쟁패를 다투는 시기가 되면서, 선종 사상은 개인주의적인 '내증內證' 뿐만 아니라 '외화外化'에 비중을 두면서 이전에 비판의 대상이던 교종의 사상을 흡수하려는 융합적인 성격으로 나아가게 되었다.

유교와 도교의
수용과 전개 과정

불교 수용과 더불어 한국 고대인의 정신세계를 확장시켜 준 유교가 언제 우리나라에 들어왔는지는 알 수 없지만 고조선 시기부터 중국 한과 교류하면서 한자와 유교 경전에 대한 이해가 있었을 것으로 추정된다. 삼국시대에 이르러서는 고구려 소수림왕대(371~384)에 유교 경전을 가르치는 태학이 설립되었고, 백제는 근초고왕대(346~375) 박사 고흥이 유교에 입각해 편찬했을 것으로 추정되는 사서인 《서기》가 나왔다. 이를 고려해 봤을 때 4세기경 삼국의 유교에 대한 식견은 상당한 수준이었을 것이라고 추정된다. 따라서 한국이 중국과 세계사(동아시아)를 만들어 간 처음 시기는 고조선 때로 볼 수 있지만 본격적인 동아시아 세계로의 출발은 유교와 불교를 국가적으로 받아들인 4세기라고 볼 수 있다.

무교나 신화가 인간과 자연의 관계 속에서 비합리성을 강조한다면 유교는 인간과 자연과의 관계뿐만 아니라 인간과 인간의 합리적인 관계를 존중한다. 물론 여기서 합리적 관계는 근대의 합리적 평등적 관계가 아닌 천인합일적, 신분 계급적 유교적 합리주의라는 한계가 있다.

태학의 건립과 역사서의 편찬

삼국의 유교에 대한 단편적 이해는 교육 기관의 건립으로 체계화되었다. 고구려는 소수림왕대에 태학을 건립했다. 백제가 태학을 건립했다는 기록은 없지만 동진과의 교류나 박사 관직의 존재로 볼 때 근초고왕대를 전후해 태학이 설립된 것으로 추정된다. 신라의 경우 통일 전 태학을 건립했다는 기록은 없지만 당 국학에 유학생을 파견한 데서 이미 국학에 대한 이해가 있었을 것으로 추정된다.

신라의 국학은 통일 이후 신문왕대에 처음 설립되었다. 원성왕대 (785~798)에는 국학의 기능을 활성화시키기 위해 독서삼품과를 실시했다. 독서삼품과는 일종의 국학 졸업시험으로 《춘추좌씨전》과 《예기》, 《문선》에다 《논어》와 《효경》을 읽은 자를 상上, 《곡례》, 《논어》, 《효경》을 읽은 자를 중中, 《곡례》, 《효경》을 읽은 자를 하품下品으로 했는데, 《오경》, 《삼사》, 《제자백가서》에 박통한 자는 특별 채용했다고 한다. 이러한 사실에서 볼 때 신라는 효와 예를 중시하면서 문한에 조예가 깊은 자를 양성한 것으로 보인다. 그러나 입신하기가 골품에 따라 제한적이었기 때문에 국학의 역할은 한계가 있을 수밖에 없었다. 더구나 원성왕대에 도당 유학생인 자옥子玉이 문적(국학) 출신이 아님에도 소수少守란 직책에 임명된 것에서 알 수 있듯이 도당 유학생의 증가에 따라 국학의 권위는 더욱 위축되었다.

고구려에서는 태학 건립을 전후해 《유기留記》란 역사서가 편찬되었다. 《유기》는 국초에 편찬되었다고 전해지는데 그 시기를 소수림왕대로 보고 있지만, 고구려 역사에서 이때를 국초라고 하기는 어렵다고 보고 태조왕대로 보기도 한다. 이후 영양왕대(590~618) 태학박사 이문진이 옛 역사를 참조해 《신집》 5권을 편찬했다. 이 《신집》은 《유기》 100권을 덜어 내어 개수했다고 한다. 《유기》가 100권인데 《신집》이 5권이라면 특정한 목적을 가지고 축약 편찬되었음을 알 수 있다. 그런데 《삼국사기》가 50권임을 감안하면 《유기》 100권은 국초에 편찬되었음에도 상당히 많은 분량이다. 그리고 이문진이 《유기》를 축약 편찬했다면 이 《유기》는 국초의 역사뿐 아니라 그 이후가 증보되었을 가능성도 있다.

백제의 경우 근초고왕대에 《서기》가 편찬되었다. 《서기》에 대해서는 사서를 가리키는 고유 명사가 아니라 '글과 기록'이 있었다는 보통 명사로 보는 견해도 있으나, 이 당시 백제가 이미 낙랑, 대방의 문화를 받아들이고 동진과 외교 관계를 맺었음을 볼 때 역사서를 편찬할 문화적 역량은 충분히 있었다고 할 수 있다. 물론 '서기書記'는 백제 기록 외에 다른 나라에서는 '글과 기록'이라는 보통 명사로 쓰이는 경우를 다수 찾을 수 있지만, 백제의 《서기》와는 구별해야 한다. 《서기》가 역사서라면 이 책을 편찬할 때 중국의 《사기》나 《한서》를 참조했을 가능성이 높으며, 《서기》란 책 이름 또한 《사기》와 《한서》의 끝 글자를 조합해 만들었을 수도 있다. 《서기》 이후 백제의 역사서는 보이지 않지만 《일본서기》에 인용된 《백제기》, 《백제신찬》, 《백제본기》 등의 '백제삼서百濟三書'를 통해 역사서가 꾸준히 편찬되었음을 알 수 있다.

신라는 고구려나 백제보다 늦게 역사서가 편찬되었다. 법흥왕대 율령을 반포하고 불교를 공인하고 영토를 확장하는 등 나라 안팎의 발전 과정에서 진흥왕은 이사부異斯夫의 건의를 받아들여 거칠부居柒夫로 하여금 《국사》를 편찬하게 했다. 그 이후 삼국을 통일한 신라의 역사 서술은 보다 세분화·전문화되었다. 성덕왕 시기 한산주 총독을 역임한 김대문은 《국사》를 계승해 《계림잡전》, 《화랑세기》, 《고승전》,

《한산기》 등을 저술했다. 승려들의 전기인《고승전》이나 삼국의 설화를 모은《계림잡전》, 한산주의 역사와 풍물을 기록한 것으로 추정되는《한산기》 등이 편찬된 데서 유추할 수 있듯이 통일신라 시기에는 삼국의 역사 중에서도 특히 신라에 대한 관심이 높아졌으며, 이때 역사서는《화랑세기》와 같이 진골 귀족의 입장에서 편찬되었다.

제사와 상장례

삼국은 각국의 시조에 대해 시조묘 제사를 지냈다. 고구려는 시조 동명東明(주몽)과 어머니 유화에 대한 제사를 모셨다. '동명'의 경우 부여의 동명도 있었지만, 주몽이 동명성왕으로 격상되면서 동명제는 주몽에 대한 제사를 가리키게 되었다. 고구려가 졸본에 시조묘를 세워 역대 왕들이 제사를 지낸 것에서 알 수 있듯이, 주몽에 대한 제사는 평양 천도 이후 고구려 멸망을 전후한 시기까지 계속되었음을 알 수 있다. 392년(광개토왕 영락 2) 종사宗社의 정비 과정과 〈광개토대왕릉비〉에 보이는 수묘인의 배정은 어떤 형태로든지 고구려에 종묘 제도가 실시되었음을 보여 주고 있다.

백제는 시조묘 제사로 동명묘 제사와 구태묘 제사가 있었다. 동명묘의 주인공은 고구려의 주몽으로 추정되지만 백제가 부여 계승 의식을 강하게 가지고 있던 점을 고려하면 부여의 동명왕으로 바뀌었을 가능성이 높다. 그렇다면 시조인 온조에 대한 제사는 어떻게 지냈을까? 사비 시기에 이르면 동명묘 제사에 대한 기록은 보이지 않고 구태묘가 새로 등장하는데, 구태를 우태, 온조, 비류, 고이왕 혹은 제3의 인물로 보는 등 논의가 분분하다. 백제에서는 시조묘 제사 이외에

647(선덕여왕 16)
첨성대 건립.

723(성덕여왕 22)
혜초, 인도 순례.

751(경덕왕 10)
불국사 창건.

무구정광대다라니경   1966년 불국사 석가탑에서 발견된 통일신라시대의 불경으로 세계에서 가장 오래된 목판 인쇄물이다. 제작 연대는 702년에서 석가탑이 완공된 751년 사이로 보인다. 〈무구정광대다라니경〉의 내용은 옛 탑을 수리하거나 조그마한 탑을 무수히 만들어 그 속에 공양하고, 법에 의해 주문을 염송하면 오래 살고 성불할 수 있다는 것으로, 한편으로는 나라가 위기에 처하면 탑이 빛을 발하며 신들이 수호해 준다는 호국의 내용도 담고 있다.

오제五帝에 대한 제사도 지냈다. 여기서 오제는 동서남북 중앙의 천신 혹은 지신으로 보는데, 천신설의 경우 호천상제昊天上帝 아래 오제가 있다고 한다.

신라의 시조묘 제사는 박혁거세를 모셨다. 훗날 김씨가 왕위를 독점하면서 이들은 신궁을 세워 김씨의 시조묘로 삼았다. 이에 대해서 신궁은 박혁거세가 태어난 곳에 설치되었기 때문에 여전히 박혁거세에 대한 제사도 지낸 곳으로 보기도 한다. 한편 박씨, 김씨와 더불어 신라 왕실의 한 축을 이루었던 석씨가 자신들의 시조에게 어떻게 제사했는지는 확인되지 않는다. 다만 불국사가 세워진 토함산 부근에서 탈해에 대한 제사를 드렸다고 전한다. 신라의 체계적인 종묘인 5묘는 혜공왕대(765~780)에 이르러 설치되었다.

왕에 대한 제사 이전에 치러지던 상장례도 중요한 유교적 의례다. 고구려와 백제가 일찍부터 3년 상장례를 치른 것을 확인할 수 있는 직접적인 자료는 〈광개토대왕릉비〉와 무령왕의 지석이다. 중국의 3년 상은 왕숙과 정현의 설에 따라 소상小祥(1주기, 12개월째)-대상大祥(2주기, 24개월째)-담제禫祭(25개월째 혹은 27개월째)의 순서를 거치는데 대개 남북조 이후 정현의 27개월 설을 따랐다.

〈광개토대왕릉비〉에 근거하고 《삼국사기》와 비교하면 그가 죽은 날과 묻힌 날을 알 수 있다. 지금까지는 광개토왕이 412년 10월에 죽고, 414년 9월에 묻혀 3년상이 치러진 것으로 보아 왔으나, 만 2년 곧 대상을 치르지 않았으므로 3년상으로 볼 수 없다. 그러나 〈광개토대왕릉비〉에는 《시경》과 《맹자》 등 유교 전적이 인용되어 있어 3년상에 대한 이해가 있었을 것으로 추정되며 《수서》 등에 따르면 3년의 빈장이 실시되었으므로 광개토왕의 장례가 대상을 치르지 않고 끝났을 리는 없다. 고구려 당시 중국의 5호 16국, 남북조시대에 사용한 연호는 원칙적으로 유년칭원법에 따랐고 광개토왕이 사용한 영락 연호도 유년칭원법에 따랐으므로 왕의 즉위는 영락 즉위년(391)보다 1년이 앞당겨진 390년일 가능성도 있다. 이럴 경우 왕이 죽은 해도 1년 앞당겨져 411년 10월이 되며, 자연히 3년상의 기간도 1년이 늘어난 36개월이 된다.

고구려와 마찬가지로 백제의 무령왕과 성왕도 유교 예제에 입각한 3년상을 치렀다. 무령왕과 왕비의 경우 27개월 3년상으로 알려져 왔는데 실은 28개월이었다. 당시 백제와 활발히 교류하던 양梁의 경우 27개월인데 백제에서는 고유의 빈장 때문에 1개월이 늘어난 것이다. 《일본서기》에는 성왕의 전사에 대한 책임을 지고 위덕왕이 3년간 공위空位 상태인 것처럼 묘사되었지만, 공위 기간을 계산하면 27개월이다. 따라서 고구려와 백제 모두 중국의 3년상을 받아들일 때 빈장이란 자국의 상장례를 접목시켜 나름대로 3년상의 기간을 설정하고 있음을 알 수 있다.

유교 정치 이념의 확립

삼국은 고대 국가의 통치 체제를 정비하면서 유교 정치 이념을 필요로 했고, 유교에 대한 인식이 깊어짐에 따라 통치 체제가 완비되어 갔다. 유교 정치 이념의 확립은 역사서의 편찬, 유학 교육 기관의 확립, 제사 체계의 정비와 맞물려 갔다. 여기서는 삼국이 유교 정치 이념을 확립하는 계기가 된 사건을 중심으로 살펴보고자 한다.

고구려의 경우 소수림왕에서 장수왕에 이르는 시기가 유교의 흐름을

목간의 정면과 측면(경남 김
해시 봉황동 출토, 통일신라)

파악하는 데 중요하다. 소수림왕은 율령을 반포하고 태학을 건립했으며, 광개토왕은 연호를 사용하고 종묘를 수리했고, 장수왕은 유교 이념에 입각한 서술 태도로 〈광개토대왕릉비〉의 비문을 작성했다. 비문에 표기된 백제와 왜의 비칭인 백잔百殘과 왜적倭賊은 《맹자》에서 인仁을 해치는 것을 '적', 의義를 해치는 것을 '잔'이라 한 데서 취한 것이다.

백제는 한성시대에 역사서를 편찬하고 북위北魏에 표문을 보낼 정도로 유교에 대한 인식이 높았지만 본격적인 유교 이념의 확립은 웅진·사비 시기에 이루어졌다. 무령왕은 인도와 중국 등 교류의 폭을 세계로 넓혔는데 특히 중국 양의 문화에 경도되었다. 성왕이 치른 무령왕의 3년상은 무령왕대 양로부터 받아들인 유교 예제에 힘입은 바 컸다. 성왕은 더 나아가 직접 중국 남조의 양에서 예와 시에 밝은 박사 육후를 초청했다. 육후는 백제의 22부사제의 완비 등 정치 제도는 물론 오제에 대한 제사나 예악의 정비에 많은 기여를 했다. 육후의 유교 정치 이념은 한때 불교계와 마찰을 일으킬 정도로 백제 사회에 많은 영향을 끼쳤다. 해동증자로도 불린 의자왕은 아버지 장(무왕)의 시호를 불교식이 아닌 유교식인 '무武'로 짓는 등 백제 사상계의 방향을 불교에서 유교로 돌려놓고자 했다.

신라의 유교 수용은 〈영일냉수리신라비〉나 〈울진봉평신라비〉에 소를 죽여 하늘에 제사를 드린다는 기록이나, 〈진흥왕순수비〉에 보이는 "몸을 닦아 백성을 편안케 한다[修己以安百姓]"라는 《논어》의 한 구절을 통해서 알 수 있다. 또한 거칠부의 《국사》를 통해서는 왕을 정점으로 신분 질서를 규정한 유교에 대해 이해 수준이 높아졌음을 유추할 수 있다. 〈임신서기석〉을 보면 신라의 젊은이들이 유교 경전인 《시경詩

經》,《상서尚書》,《예기禮記》,《춘추전春秋傳》을 3년 동안 습득할 것을 맹세하고 있다. 신라 중고기 불교식 왕명시대를 거쳐 불교 이념으로 통치했던 선덕에서 진덕여왕대 김춘추가 대당 활동을 통해 유교 이념을 도입한 것은 통치 이념이 불교에서 유교로 넘어가는 중요한 계기가 되었다. 진덕여왕대 자국의 연호를 폐지하고 중국의 연호를 사용한 것이 단적인 예이다. 신라의 문장가인 강수强首는 불교가 세상을 등진 학문이라 하면서 유학에 뜻을 두었고, 당과의 외교 문서를 도맡아 작성했다. 통일 이후 신라는 국학의 건립, 독서삼품과의 실시, 도당 유학생의 증가 등 유교 이념을 널리 보급시키려 노력했다. 당에서 신라를 군자국君子國이라 부르고 시서詩書를 안다고 인정할 정도였다. 당 유학을 마치고 귀국한 6두품 최치원은 신분(골품)보다는 유학적 소양에 입각한 인재 등용 등을 건의했을 것으로 추정되는 〈시무10여조〉를 진성여왕에게 제출하기도 했다.

여성과 유교와의 관계도 주목된다. 신라 최초의 여왕인 선덕여왕과 그 뒤를 이은 진덕여왕은 여성 성불을 인정하는 불교를 통치 이데올로기로 삼았다. 이에 반해 헌안왕은 여왕은 암탉이 새벽을 알리는 것과 같다 해서 사위인 경문왕에게 왕위를 물려주었으며, 한화 정책을 펴면서 중국화의 길을 걸었던 경덕왕은 나라가 위태롭더라도 아들이 왕위를 계승해야 한다는 남성 중심의 유교적 이데올로기로 기울었다. 이후 진성여왕이 왕위에 오르기는 했지만 유교적 이념이 통치 이념으로 정착하면서 여성의 정치 참여는 차단되었다.

도교의 전래

불교와 유교에 비해 자료가 많이 남아 있지 않아서 지금껏 많은 관심을 받지 못했지만 도교는 당시 귀족들의 생활에서 중요한 부분을 차지했다. 고구려에는 영류왕대(618~642)에 도교가 정식으로 전해졌는데, 당에서 도사와 천존상을 보내고 《도덕경》을 강설하게 했다. 보장왕대(642~668) 연개소문은 도교를 끌어들여 불사佛寺를 도관(도교 사원)으로 삼아 불교를 견제했다. 이에 보덕은 고구려를 떠나 백제로 가서 불법을 전했다.

백제에서는 근구수왕近仇首王이 태자 시절 고구려에 진격할 때, 장수 막고해莫古解가 "지족불태知足不殆"라는 노자 《도덕경》의 구절을 인용해 이를 만류하기도 했다. 무령왕릉의 매지권買地券이나, 무왕이 궁남지에 방장선산(도교에서 신선이 노니는 삼신산 중 하나)을 모방해 만든 섬이나, 〈박산향로〉(삼신산을 상징적으로 표현한 향로)의 영향을 받은 〈백제금동대향로〉에도 도교적 요소가 드러나 있다. 〈사택지적비砂宅智積碑〉는 발견되었을 때부터 비문에 나타난 "인생무상"과 비석 측면의 봉황, 주칠朱漆을 근거로 사택지적의 사상을 도교 사상으로 단정했다. 하지만 비문에서 금당과 탑을 만들었다거나 사택지적의 이름인 '지적'이 《법화경》에 따르면 대통불의 아들이며 석가모니의 큰형이란 점에서 사택지적의 사상적 경향은 도교보다 불교에 가까움을 알 수 있다. 2010년 부여에서 발견된 오석五石명 목간의 경우 이를 도교의 불로장생의 선약인 오석산五石散으로 보기도 하지만, 한성 시기에 칠지도七支刀를 제작하면서 참조했던 왕충의 《논형論衡》에 따르면 오석은 거울을 만드는 재료로 나온다. 〈사택지적비〉나 오석의 경우처럼

"갑인년(654) 정월 9일 나지성奈祇城의 사택지적은, 몸은 해가 가듯 가기 쉽고 달이 가듯 돌아오기 어려움을 한탄하고 슬퍼하여, 금을 뚫어 진귀한 금당을 세우고 옥을 깎아 보배로운 탑을 세우니 높고 크고 웅장하며 자비로운 모습은 신령한 빛을 토함으로써 구름을 보내는 듯하고, 높고 웅장하면서 자비로운 모습은 밝음을 머금음으로써……."

사택지적비　백제 의자왕 14년(654)에 제작된 백제시대 유일한 석비다. 이 비를 남긴 사택지적이란 인물은 백제 후기 대성 8족의 하나인 사택씨 출신으로 대좌평까지 올랐으며 654년 관직에서 물러났다. 비문에는 사택지적이 늙음을 탄식하며 불교에 귀의하고 법당을 세웠다는 내용이 담겨 있다. 발견 당시 비문에 나타난 '인생무상'과 비석 측면의 봉황과 주칠을 근거로 사택지적의 사상을 도교로 단정했으나 그의 이름 '지적'이 대통불의 큰아들이며 석가모니의 큰형의 이름이라는 점에서 도교보다는 불교에 가까움을 알 수 있다.

구체적인 증거 없이 도교적으로 해석하는 것은 주의해야 한다. 《당서》〈열전〉에 보면 백제에는 "승니(승려와 비구니) 사탑이 많고 도사는 없다고 했는데", 조직화되지 못한 도교가 백제 사상사에서 차지하는 한계를 잘 보여 주는 기록이다.

신라는 효성왕대(737~742)에 《도덕경》이 들어왔지만, 도교에 대한 이해는 이보다 상당히 앞섰던 것으로 보인다. 경주 서악의 선도산 성모 설화는 서왕모 설화와 유사하며, 황남대총에서 나온 동경銅鏡의 명문에는 서왕모와 대칭되는 동왕모가 보인다. 신라 성덕왕대 건축가 김지성은 《도덕경》을 읽으니 명예와 지위를 버리고 현묘한 도에 들어온 듯하다고 했다.

한편 오행 사상은 고구려 고분벽화의 〈사신도〉에 잘 드러나 있다. 백제에서는 왕이 군대를 사열할 때 중앙을 의미하는 황색 깃발을 사용했다. 칠지도를 만든 날인 병오丙午는 오행 가운데 불의 기운이 가장 센 날이기도 하다. 오행 사상은 도교뿐만 아니라 유교 등 여러 사상에 많은 영향을 끼쳤다.

유·불·도의 갈등과 조화

중국에서 유·불·도 상호 간의 관계는 조화와 갈등의 양면을 갖고 있는데, 특히 도불道佛 갈등으로 북위의 구겸지가 불교를 탄압한 사례가 대표적이다. 삼국의 경우 고구려 연개소문에 의한 도불 갈등이 있었지만 유·불·도는 전체적으로 상호 조화 관계를 유지해 온 것으로 보인다. 그러나 이를 일반화시키면 안 된다.

신라의 불교 수용을 불교와 무속의 갈등으로 보지만, 유불의 마찰로 보기도 한다. 이미 신라에는 〈울진봉평신라비〉나 〈포항냉수리신라비〉에 나타난 것처럼 살우殺牛와 같은 유교 의식이 들어와 있었기 때문이다. 선덕여왕대 여왕 통치의 이데올로기를 제공한 불교의 자장과 달리, 진골로 처음 왕위에 오른 김춘추는 당을 통한 유교 수용에 적극적이기도 했다.

백제의 불교 수용과 관련해서는 진씨眞氏와 해씨解氏의 정치적 갈등을 상정하기도 하지만, 사상적 측면에서는 도교와 불교의 마찰을 언급하기도 한다. 침류왕 이전 이미 도교가 들어왔고, 불교를 수용한 침류왕이 이듬해 갑작스런 죽음을 맞이한 것도 이와 무관하지 않다는 것이다. 백제의 성왕은 인도에 다녀온 승려 겸익과 양에서 건너 온 유학자 육후를 통해 유불 통치 이념을 실현시켜 나갔다. 하지만 552년 (성왕 30) 일본에 불교를 전하면서 보낸 성왕의 글에 주공과 공자를 폄하하는 내용이 실린 점을 고려하면 이때를 전후해 유불의 마찰이 있었던 것으로 보인다. 백제 의자왕은 부왕의 시호를 유교적 의미의 '武'로 하고 법화 신앙자인 대좌평 사택지적을 한때 정계에서 물러나게 했다. 이처럼 고구려, 백제, 신라는 특정한 시기에 유·불·도 상호 간의 마찰이 있었음을 알 수 있다. 그러나 유·불·도의 갈등은 특정한 시기로 한정되며 유·불·도 삼교의 조화가 대세를 이루었다.

유·불·도 3교의 조화를 가장 잘 나타내 주는 것은 부여 능산리에서 발견된 〈백제금동대향로〉이다. 위덕왕대(554~598) 만들어진 〈백제금동대향로〉는 중국 〈박산향로〉의 영향을 받아 도교적 요소를 무시할 수 없지만, 향로 몸체의 연꽃에서는 비롯된 연화생의 불교 사상을 확인할 수 있고, 뚜껑 정상부의 5악樂은 유교의 예악 사상을 나타낸다.

백제금동대향로　　　1993년에 발견된 백제(6세기 후반) 향로로 백제의 전통신앙과 유·불·도 3교가 어우러져 있다. 받침의 용은 백제의 전통 신앙을, 몸체의 연꽃은 불교 사상을, 뚜껑의 산은 신선이 사는 도교의 이상향을, 5악사는 유교의 예악을, 꼭대기의 봉황은 태평성세를 의미한다.

신라의 승려 원광은 유교적 덕목을 포함한 세속오계를 가르쳤으며, 김지성은 감산사의 아미타불과 미륵보살을 조성하고 불교의 유식 논소인 《유가사지론》을 읽는 한편 노자의 《도덕경》을 같이 읽기도 했다.

다만 삼국 멸망을 사상사의 입장에서 보자면 이 시기에 불거진 유·불·도 마찰은 우리에게 시사하는 바가 크다. 고구려에서는 도교와 불교의 마찰이 있었고, 백제와 신라에서는 유교와 불교의 마찰이 있었음에도 이를 극복하지 못한 고구려와 백제는 멸망했고, 이를 극복한 신라는 삼국을 통일했다.

—조경철

참고문헌

● 농업 생산력과 촌락 사회

강봉룡, 〈신라 지방통치체제 연구〉, 서울대학교 박사학위논문, 1994

곽종철, 〈한국과 일본의 고대농업기술〉, 《한국고대사논총》 4, 1992

_____, 〈우리나라의 선사~고대 논밭유구〉, 《한국 농경문화의 형성》, 학연문화사, 2002

권오영, 〈방어취락의 발전과 토성의 출현〉, 《강좌 한국고대사》 7, 2002

김기흥, 〈미사리 삼국시기 밭 유구의 농업〉, 《역사학보》 126, 1995

김도헌, 〈선사·고대 논의 관개시설에 대한 검토〉, 《호남고고학보》 18, 2003

김재홍, 〈신라 중고기 촌제의 성립과 지방사회구조〉, 서울대학교 박사학위논문, 2001

_____, 〈신라 통일기 전제왕권의 강화와 촌락지배〉, 《신라문화》 22, 2003

_____, 《한국 고대 농업기술사 연구: 철제 농구의 고고학》, 고고, 2011

_____, 〈신라 중고기 도사의 운영과 성격 변화〉, 《한국학논총》 44, 2015

노태돈, 《고구려사 연구》, 사계절, 1999

문창로, 《삼한시대의 읍락과 사회》, 신서원, 2000

박방룡, 《신라 도성》, 학연문화사, 2013

박성현, 〈6~8세기 신라 한주 '군현성'과 그 성격〉, 《한국사론》 47, 서울대학교 국사학과, 2002

박종기, 《지배와 자율이 공간, 고려의 지방사회》, 푸른역사, 2002

송기호, 〈사당동 요지 출토 명문자료와 통일신라 지방사회〉, 《한국사연구》 99·100합, 1997

송윤정, 〈통일신라시대 철제 우경구의 특징과 발전양상〉, 《한국고고학보》 72, 2009

안승모, 《동아시아 선사시대의 농경과 생업》, 학연문화사, 1993

안재호, 〈한국 농경사회의 성립〉, 《한국고고학보》 43, 2000

여호규, 〈한국고대의 지방도시: 신라 5소경을 중심으로〉, 《강좌 한국고대사》 7(촌락과 도시), 2002

윤선태, 〈신라통일기 왕실의 촌락지배〉, 서울대학교 박사학위논문, 2000

이문기, 〈통일신라의 지방관제 연구〉, 《국사관논총》 20, 1990

이수훈, 〈신라 중고기 군의 형태와 성촌〉, 《고대연구》 1, 1988

이우태, 〈신라의 촌과 촌주〉, 《한국사론》 7, 서울대학교 국사학과, 1981

_____, 〈신라의 수리기술〉, 《신라문화제학술발표회》 15, 1992

_____, 〈신라촌락문서에 보이는 촌락의 위치와 성격〉, 《신라 서원소경 연구》, 서경문화사, 2001

이인철, 《신라촌락사회사연구》, 일지사, 1996

이종욱, 〈남산신성비를 통하여 본 신라의 지방통치체제〉, 《역사학보》 64, 1974

이춘녕, 《한국농학사》, 민음사, 1989

이태진, 〈신라 통일기의 촌락문서와 공연〉, 《한국사연구》 25, 1979

이현혜, 《한국 고대의 생산과 교역》, 일조각, 1998

이희관, 《통일신라토지제도연구》, 일조각, 1999

전덕재, 《신라육부체제연구》, 일조각, 1995

_____, 《한국고대사회경제사》, 태학사, 2006

주보돈, 《신라 지방통치체제의 정비과정과 촌락》, 신서원, 1998

채웅석, 《고려시대의 국가와 지방사회》, 서울대학교출판부, 2000

천말선, 〈철제농구에 대한 고찰〉, 《영남고고학》 15, 1994

최종규, 《삼한고고학연구》, 서경문화사, 1995

_____, 〈한국 원시의 방어집락의 출현과 전망〉, 《한국고대사논총》 8, 가락국사적개발연구원, 1996

한국고고환경연구소 편, 《한국고대의 수전농업과 수리시설》, 서경문화사, 2010

홍보식, 〈농기구와 부장유형—영남지역 2세기후반~4세기대 분묘부장품을 대상으로〉, 《한국고고학보》 44, 2001

木村誠, 《古代朝鮮の國家と社會》, 吉川弘文館, 2004

● 국가 재정과 수취 제도

강진철, 《한국중세토지소유연구》, 일조각, 1989

구문회, 〈신라 통일기 지방재정의 구조〉, 《역사와현실》 42, 2001

국사편찬위원회, 《한국사》 5, 1996

＿＿＿＿＿＿＿, 《한국사》 7, 1997

김기흥, 《삼국 및 통일신라 세제의 연구》, 역사비평사, 1991

＿＿＿, 〈삼국시대 세제의 성격〉, 《국사관논총》 35, 1992

＿＿＿, 〈삼국의 대민수취〉, 《한국 고대 · 중세의 지배체제와 농민》, 1997

김영심, 〈백제 5방제 하의 수취체제〉, 《역사학보》 185, 2005

김창석, 〈신라 창고제의 성립과 조세 운송〉, 《한국고대사연구》 22, 2001

＿＿＿, 《삼국과 통일신라의 유통체계 연구》, 일조각, 2004

김철준, 《韓國古代社會研究》, 지식산업사, 1975

노중국, 《백제정치사연구》, 일조각, 1988

박시형, 《발해사》, 송기호 해제, 이론과실천, 1989

박찬흥, 〈신라 녹읍의 수취에 대하여〉, 《한국사학보》 6, 1999

＿＿＿, 〈신라의 토지제도〉, 《한국고대사입문》 3, 신서원, 2006

안병우, 〈6~7세기의 토지제도〉, 《한국고대사논총》 4, 1992

양기석, 〈백제의 세제〉, 《백제연구》 18, 1987

＿＿＿, 《백제의 경제생활》, 주류성, 2005

윤선태, 〈신라 통일기 왕실의 촌락지배〉, 서울대학교 박사학위논문, 2000

이경섭, 〈신라 상대의 품주와 내성〉, 《한국고대사연구》 22, 2001

＿＿＿, 〈7세기 신라의 재정운용〉, 《한국고대사연구》 34, 2004

＿＿＿, 〈함안 성산산성 목간의 연구현황과 과제〉, 《신라문화》 23, 2004

이기백, 《신라정치사회사연구》, 일조각, 1974

이문기, 〈사비시대 백제 전내부체제의 운영과 변화〉, 《백제연구》 42, 2005

이병도, 《한국고대사연구》, 박영사, 1976

이인재, 〈신라통일기 전후기 조세제도의 변동〉, 《역사와현실》 4, 1990

_____, 〈신라통일기 토지제도연구〉, 연세대학교 박사학위논문, 1995

이인철, 《신라촌락사회사연구》, 일지사, 1996

이호영, 〈삼국시대의 재정〉, 《국사관논총》 13, 1990

이홍직, 《한국고대사의 연구》, 신구문화사, 1971

이희관, 〈삼국 및 통일신라시대의 사회경제사를 바라보는 새로운 시각〉, 《역사학보》
    130, 1991

_____, 〈무령왕 매지권을 통해본 백제의 토지매매문제〉, 《백제연구》 27, 1997

_____, 〈무령왕 매지권을 통하여 본 웅진시대 백제의 조세제도〉, 《국사관논총》 82,
    1998

_____, 《통일신라 토지제도연구》, 일조각, 1999

임기환, 《고구려 정치사 연구》, 한나래, 2004

전덕재, 〈삼국 및 통일신라의 지배구조와 수취제의 성격〉, 《역사와현실》 50, 2003

_____, 〈삼국 초기 농경의례와 공납의 수취〉, 《강좌 한국고대사》 2, 2003

_____, 〈신라 중앙재정기구의 성격과 변천〉, 《신라문화》 25, 2005

_____, 《한국고대사회경제사》, 태학사, 2006

_____, 〈함안 성산산성 목간의 연구현황과 쟁점〉, 《신라문화》 31, 2008

정동준, 〈백제 22부사 성립기의 내관·외관〉, 《한국고대사연구》 42, 2006

충청남도역사문화연구원, 《백제의 사회경제와 과학기술》, 2007

_____, 《백제의 정치제도와 군사》, 2007

하일식, 〈6세기 말 신라의 역역 동원체계〉, 《역사와현실》 10, 1993

_____, 〈신라 통일기의 왕실 직할지와 군현제〉, 《동방학지》 97, 1997

_____, 〈신라 통일기의 귀족사령과 군현제〉, 《동방학지》 120, 2003

홍승기, 〈1~3세기의 '민'의 존재형태에 대한 일고찰〉, 《역사학보》 63, 1974

武田幸男, 〈六世紀における朝鮮三國の國家體制〉, 《(東アジア世界における) 日本古代

史講座》4, 學生社, 1980

武田幸男, 《高句麗史と東アジア》, 岩波書店, 1979

三池賢一, 〈新羅內廷官制考〉上·下, 《조선학보》61~62, 1977

井上秀雄, 《新羅史基礎研究》, 東出版, 1974

● 정치 운영 원리와 신분제

강종훈, 〈삼국초기의 정치구조와 부체제〉, 《한국고대사연구》17, 2000

_____, 《신라상고사연구》, 서울대학교출판부, 2000

고경석, 〈신라 관인선발제도의 변화〉, 《역사와 현실》23, 1997

_____, 〈삼국시대 민과 노비의 신분적 성격〉, 《한국 고대의 신분제와 관등제》, 아카 넷, 2000

김영심, 〈백제의 지방통치체제 연구〉, 서울대학교 박사학위논문, 1997

_____, 〈한성시대 백제 좌평제의 전개〉, 《서울학연구》8, 1997

_____, 〈百濟 官等制의 成立과 運營〉, 《國史館論叢》82, 국사편찬위원회, 1998

_____, 〈백제사에서의 부와 부체제〉, 《한국고대사연구》17, 2000

김재홍, 〈신라 중고기 촌제의 성립과 지방사회구조〉, 서울대학교 박사학위논문, 2001

김철준, 《한국고대사연구》, 서울대학교출판부, 1990

노중국, 《백제정치사연구》, 일조각, 1988

노태돈, 〈삼국시대의 '부'에 관한 연구: 성립과 구조를 중심으로〉, 《한국사론》2, 서울 대학교국사학과, 1975

_____, 〈울진봉평신라비와 신라의 관등제〉, 《한국고대사연구》2, 1989

_____, 《고구려사연구》, 사계절, 1999

_____, 《단군과 고조선사》, 사계절, 2000

_____, 〈삼국시대의 부와 부체제: 부체제론 비판에 대한 재검토〉, 《한국고대사논총》 10, 한국고대사회연구소, 2000

_____, 〈초기 고대국가의 국가구조와 정치운영: 부체제론을 중심으로〉, 《한국고대사 연구》17, 2000

문동석, 〈4~5세기 백제 정치체제의 변동〉, 《한국고대사연구》 9, 1996

송호정, 〈고조선·부여의 국가구조와 정치운영: 부 및 부체제론과 관련하여〉, 《한국고대사연구》 17, 2000

_____, 《한국고대사 속의 고조선사》, 푸른역사, 2002

여호규, 〈1~4세기 고구려 정치체제 연구〉, 서울대학교 박사학위논문, 1997

윤선태, 〈신라 골품제의 구조와 기반〉, 《한국사론》 30, 서울대학교 국사학과, 1993

윤성용, 〈고구려 귀족회의의 성립과정과 그 성격〉, 《한국고대사연구》 11, 1997

이기동, 《신라 골품제사회와 화랑도》, 일조각, 1984

_____, 《신라사회사연구》, 일조각, 1997

_____, 〈사회구조〉(신라의 정치·경제와 사회), 《한국사》 7, 국사편찬위원회, 1997

이기백, 《신라정치사회사연구》, 일조각, 1974

_____, 《한국고대정치사회연구》, 일조각, 1996

_____·이기동, 《한국사강좌 I》(고대편), 일조각, 1982

이병도, 《한국고대사연구》, 박영사, 1976

이순근, 〈신라시대 성씨취득과 그 의미〉, 《한국사론》 6, 서울대학교 국사학과, 1980

이종서, 〈나말여초 성씨 사용의 확대와 그 배경〉, 《한국사론》 37, 서울대학교 국사학과, 1997

_____, 〈'절節'·'등等'의 의미분석과 적성비 '교사敎事' 부분의 재검토〉, 《한국사론》 39, 서울대학교 국사학과, 1998

이종욱, 《신라 국가형성사 연구》, 일조각, 1982

_____, 《신라 골품제 연구》, 일조각, 1999

임기환, 〈고구려 집권체제 성립과정의 연구〉, 경희대학교 박사학위논문, 1995

_____, 〈4~7세기 고구려 관등제의 전개와 운영〉, 《한국 고대의 신분제와 관등제》, 아카넷, 2000

전덕재, 《신라육부체제연구》, 일조각, 1996

_____, 〈신라 6부 명칭의 어의와 그 위치〉, 《경주문화연구》 창간호, 1998

_____, 〈7세기 중반 관직에 대한 관등규정의 정비와 골품제의 확립〉, 《한국 고대의

신분제와 관등제》, 아카넷, 2000

_____, 《한국고대사회의 왕경인과 지방민》, 태학사, 2002

_____, 〈중고기 신라의 지방행정체계와 군의 성격〉, 《한국고대사연구》 48, 2007

_____, 〈통일신라 관인의 성격과 관료제 운영〉, 《역사문화연구》 34, 2009

_____, 〈포항중성리신라비의 내용과 신라 6부에 대한 새로운 이해〉, 《한국고대사연구》 56, 2009

_____, 〈신라의 독서삼품과: 한국과거제도의 전사〉, 《한국사시민강좌》 46, 2010

_____, 〈6세기 금석문을 통해 본 신라 관등제의 정비과정〉, 《문자와 목간》 5, 2010

전호태, 〈고분벽화에 나타난 고구려인의 신분관〉, 《한국 고대의 신분제와 관등제》, 아카넷, 2000

주보돈, 《신라 지방통치조직의 정비과정과 촌락》, 신서원, 1998

채웅석, 《고려시대의 국가와 지방사회》, 서울대학교출판부, 2000

하일식, 〈신라 관등제의 기원과 성격〉, 연세대학교 박사학위논문, 1998

木村誠, 〈統一新羅の骨品制: 新羅華嚴經寫經跋文の研究〉, 《人文學報》 185, 東京都立大學校人文學部, 1986

武田幸男, 〈新羅の骨品體制社會〉, 《歷史學研究》 299, 1965

_____, 〈魏志東夷傳みえる下戶問題〉, 《朝鮮史研究會論文集》 3, 1967

_____, 〈新羅骨品制の再檢討〉, 《東洋文化研究所紀要》 67, 1976

_____, 〈高句麗官位制とその展開〉, 《朝鮮學報》 86, 1978

李容賢, 〈《梁職貢圖》百濟國使條の旁小國〉, 《朝鮮史研究會論文集》 37, 1999

井上秀雄, 《新羅史基礎研究》, 東出判, 1974

● 정신세계와 지배 이데올로기

강종훈, 〈신라시대의 사서 편찬: 진흥왕대의 《국사》 편찬을 중심으로〉, 《강좌고대사》 제5권, 가락국사적개발원, 2002

권오영, 〈한국 고대사의 상장의례〉, 《한국고대사연구》 20, 2000

길기태, 《백제 사비시대의 불교신앙 연구》, 서경문화사, 2006

김길식, 〈백제시조 구이묘와 능산리사지〉, 《한국고고학보》 69, 한국고고학회, 2008

김두진, 《한국고대의 건국신화와 제의》, 일조각, 1999

김영심, 〈백제의 도교 성립 연구에 대한 일고찰〉, 《백제연구》 53, 2011

김원룡, 〈武梁祠화상석과 단군신화에 대한 재고〉, 《한국미술사연구》, 1987

김재원, 〈단군신화의 신연구〉, 《한국과 중국의 고고미술》, 문예출판사, 2000

김창석, 〈한성기 백제의 국가제사 체제와 변화양상〉, 《서울학연구》, 서울학연구소, 2004

김철준, 〈삼국시대의 예속과 유교사상〉, 《한국고대사회연구》, 서울대학교출판부, 1994

_____, 〈신라 상대 사회의 Dual Organization〉, 《한국고대사회연구》, 서울대학교출판부, 1994

나희라, 《신라의 국가제사》, 지식산업사, 2005

노중국 외, 《금석문으로 백제를 읽다》, 학연문화사, 2014

남무희, 《신라 원측의 유식사상 연구》, 민족사, 2009

_____, 《신라 자장연구: 한국 계율불교의 완성자》, 서경문화사, 2012

_____, 《고구려 승랑 연구: 동아시아 신삼론 사상의 개척자》, 서경문화사, 2011

노명호, 〈백제의 동명신화와 동명묘: 동명신화의 재생성 현상과 관련하여〉, 《역사학연구 X》, 전남대학교사학회, 1981

노용필, 《신라 진흥왕 순수비 연구》, 일조각, 1995

노중국, 〈백제 금동대향로와 유불선 삼교사상〉, 《백제사회사상사》, 지식산업사, 2010

_____, 〈신라 중고기 유학 사상의 수용과 확산〉, 《대구사학》 93, 2008

노태돈 편저, 《단군과 고조선사》, 사계절출판사, 2000

문동석, 〈양무제의 불교정책에 대하여 – 백제와 연관성을 중심으로〉, 《동아고고논단》 2, 2006

_____, 〈한성백제의 도교문화와 그 성립과정〉, 《백제연구》 50, 충남대학교백제연구소, 2009

박대재 외,《공주 대통사지와 백제》, 아연출판부, 2012

서영대,〈한국고대 신관념의 사회적 의미〉, 서울대학교 박사학위논문, 1991

송호정,《단군, 만들어진 신화》, 산처럼, 2004

신광철,〈유교의 수용과 세계관의 변용: 윤리·사회 덕목의 구현을 중심으로〉,《한국
　　고대사연구》, 한국고대사학회, 2000

신종원 외 편역,《일본인들의 단군연구》, 한국학중앙연구원, 2005

신종원,〈신라 비문에 보이는 6세기 초의 희생례〉,《신라초기불교사연구》, 민족사,
　　1992

_____,〈신라 祀典의 성립과 의의〉,《신라초기불교사연구》, 민족사, 1992

여호규,〈국가제사를 통해 본 백제 도성제의 전개과정〉,《고대도시와 왕권》, 충남대학
　　교백제연구소, 2005

윤이흠 외,《단군 그 이해와 자료》, 서울대학교출판부, 2001

이강래,〈《삼국유사》인용 고기의 성격〉,《삼국사기 전거론》, 민족사, 1997

이기동,〈고대의 역사인식〉,《한국의 역사가와 역사학》상, 창작과비평사, 1994

_____,〈백제국의 정치이념에 대한 일고찰: 특히 '주례' 주의적 정치이념과 관련하
　　여〉,《백제사연구》, 일조각, 1996

이기백,〈유교사상의 전개〉,《신라사상사연구》, 일조각, 1987

이내옥,〈연개소문의 집권과 도교〉,《역사학보》99·100합집, 역사학회, 1983

이도학,〈백제 시조 온조설화에 대한 검증〉,《한국사상사학》36, 한국사상사학회,
　　2011

이지린,〈단군신화비판〉,《고조선사연구》, 과학원출판사, 1963

임기환,〈백제 시조전승의 형성과 변천에 대한 고찰〉,《백제연구》28, 충남대학교백제
　　연구소, 1998

장인성,《백제의 종교와 사회》, 서경, 2001

전덕재,〈신라의 독서삼품과: 한국 과거제도의 前史〉,《한국사시민강좌》46, 2010

정경희,〈삼국시대 도교의 연구〉,《국사관논총》21, 국사편찬위원회, 1991

정구복,《한국고대사학사》, 경인문화사, 2008

정선여,《고구려 불교사 연구》, 서경문화사, 2007

정연식,〈선덕여왕과 성조의 탄생, 첨성대〉,《역사와현실》74, 한국역사연구회, 2009

조경철,〈단군신화의 불교적 세계관〉,《삼국유사 기이편의 연구》, 한국학중앙연구원, 2005

_____,〈백제 칠지도의 상징과 명협〉,《한국사상사학》31, 2008

_____,〈백제 익산 미륵사 창건의 신앙적 배경〉,《한국사상사학》32, 2009

_____,〈백제 왕실의 3년상: 무령왕과 성왕을 중심으로〉,《동방학지》145, 연세대학교국학연구원, 2009

_____,〈백제 대향로의 화생전변적化生轉變的 상징구조와 제작목적〉,《국악원논문집》23, 국립국악원, 2011

_____,〈신라 선덕여왕대 알영신화 재편과 첨성대〉,《천태학연구》14, 한국불교천태종, 2011

_____,〈고려 광개토왕대 유교와 불교의 전개양상〉,《한국고대사연구》68, 2012

_____,〈단군신화의 보편적 인간관〉,《한국학논총》42, 국민대학교, 2014

_____,《백제불교사연구》, 지식산업사, 2015

_____,〈이차돈의 순교연대에 대한 재검토〉,《한국고대사탐구》20, 2015

_____,〈단군신화의 환인·환국 논쟁에 대한 판본 검토〉,《한국고대사탐구》23, 2016

조인성,〈삼국 및 통일신라의 역사서술〉,《한국사학사의 연구》, 한국사연구회 편, 을유문화사, 1989

조현설,《동아시아 건국신화의 역사와 논리》, 문학과지성사, 2003

주보돈,〈신라의 한문자 정착과정과 불교수용〉,《금석문과 신라사》, 지식산업사, 2002

채미하,《신라의 국가제사와 왕권》, 혜안, 2008

최광식,《고대한국의 국가와 제사》, 한길사, 1994

연표

392	백제, 아신왕 피살
	신라, 실성을 고구려에 볼모로 보냄
395	고구려, 거란 격파
400	고구려, 신라를 구원하며 가야 지역까지 진군
	금관가야, 고구려의 공격을 받아 쇠퇴
402	고구려, 요하 서쪽의 후연 숙군성 공격
	신라, 실성이 고구려의 도움을 받아 왕위에 즉위
408	백제, 상좌평 설치
410	고구려, 동부여 정복
413	고구려, 동진에 사신 파견
414	고구려, 광개토왕릉비 건립
417	신라, 눌지가 고구려의 후원을 받아 실성왕을 몰아내고 왕위에 즉위
427	고구려, 평양 천도
433	백제, 신라에 화친 제의
434	백제와 신라 화친을 맺음
435	고구려, 북위에 사신 파견, 북위의 사신 평양성 방문
439	고구려, 북위와의 외교 관계 단절
	북위, 북중국 통일, 남북조시대 시작(~589)
458	백제, 송에 사신 파견, 귀족의 작호 요청
462	고구려, 북위와의 외교 관계 재개
472	백제, 북위에 고구려 정벌 요청
475	백제, 고구려에게 한성을 함락당하고 웅진으로 천도
476	탐라국, 백제에 공물을 바침
479	고구려, 유연과 합세하여 지두우 분할 점령
	송 멸망, 남제 건국
	대가야, 국왕 하지가 남제에 사신 파견
490	신라, 도성에 시장 개설
494	나제동맹군, 신라의 살수원을 공격한 고구려 격퇴

고구려, 신성 전투 승리

589	수, 중국대륙 재통일
598	고구려, 수의 요서지역 공격
600	고구려, 이문진 《신집》 5권 편찬
603	구려, 신라의 북한산성 공격
612	고구려, 수의 113만 대군을 물리침(살수대첩)
624	고구려, 당으로부터 도교 전래
639	백제, 미륵사 창건
642	고구려, 연개소문이 보장왕 옹립해 정권 장악
645	고구려, 안시성 전투 승리
	신라, 황룡사 9층 목탑 건립
647	신라, 비담의 난
	신라, 첨성대 건립
654	백제, 〈사택지적비〉 만듦
660	백제 멸망
668	당, 고구려를 멸망시키고 평양에 안동도호부를 설치
675	신라, 매초성에서 당군 격파
676	신라, 기벌포에서 당군에게 승리
	당, 평양의 안동도호부를 요동성으로 옮김
677	당, 안동도호부를 신성으로 옮김
681	보장왕의 부흥 운동이 사전에 발각되어 고구려 유민이 다시 강제 이주
687	신라, 문무관에게 관료전 지급, 전국을 9주 5소경으로 편성
689	신라, 녹읍 폐지
698	대조영, 진국 건국
713	당, 대조영 발해군왕에 책봉, 진국 대신 발해 국호로 사용
719	고왕 대조영이 죽고 아들 무왕 대무예가 즉위. 연호는 인안
723	혜초, 《왕오천축국전》 지음
732	발해, 장문휴가 당 등주를 공격

찾아보기

【ㄱ】

한국 고대사 2 – 사회 운영과 국가 지배

◉ 2016년 11월 15일 초판 1쇄 발행
◉ 2024년 4월 15일 초판 7쇄 발행
◉ 글쓴이   김재홍·박찬흥·전덕재·조경철
◉ 발행인   박혜숙
◉ 펴낸곳 도서출판 푸른역사
   우) 03044 서울시 종로구 자하문로8길 13
   전화: 02)720-8921(편집부) 02)720-8920(영업부)
   팩스: 02)720-9887
   전자우편: 2013history@naver.com
   등록: 1997년 2월 14일 제13-483호

ISBN   979-11-5612-083-4 94900
(세트) 979-11-5612-043-8 94900

· 잘못 만들어진 책은 교환해드립니다.